# 덕후와 철학자들

덕질로 이해하는 서양 현대 철학

차민주 지음

㈜자음과모음

차례

# 2부
# 욕망의 세계

# 3부
# 이미지의 세계

여는 글

철학이란 무엇일까?

철학이란 '왜'라는 질문을 만들고 스스로 답을 찾는 일이다. 이 책을 펼친 여러분의 질문이 무엇일지 궁금하다. 왜 성적이 안 오를까? 왜 사람들은 저렇게 생각을 할까? 내 꿈은 무엇일까? 왜 사는 건 이렇게 힘들까? 등 여러분의 머릿속엔 삶에 대한 다양한 질문이 있을 것이다. 그것이 각자의 철학 주제이다.

이 책은 '덕질이란 무엇인가?'라는 개인적 질문에서 시작되었다. 그 답을 찾는 과정에서 '철학자들이라면 이 주제에 대해 뭐라고 했을까?'라는 의문이 들었고 철학 덕질을 시작했다. 철학 덕질은 흥미진진했고 나를 매료시켰지만 복잡한 용어와 모호한 번역어에 길을 잃을 때도 많았다. 그러다 보니 '철학을 그림으로 좀 쉽게 설명해 주면 안 되나?' '좀 더 짜릿한 예시로 설명해 주면 안 될까?'라는 아쉬움이 남았고, 만족할 만한 책을 찾지 못했기에 이 글이 시작되었다. 다양한 철학 주제들을 설명하기 위해 재미있는 덕질의 현상들을 빌려 왔고, 덕질의 현상들을 쉽게 설명하기 위해 철학의 개념을 그림으로 표현했다.

상상력과 이미지의 철학자 사르트르, 내 취향에 대한 정리를 도와줄 후설, 기호의 놀이 방법을 알려 줄 소쉬르와 퍼스, 욕망과 트라우마에 대한 힌트를 주고 타인의 시선에서 잠시 벗어나는 방법을 알려 주는 라캉 등 철학 이론을 실제 생활에서 적용해 볼 수 있는 기술로써 소개하고자 했다. 또한 어려운 철학 내용을 가능한 한 그림으로 변환하여 설명 글만으로는 부족하다고 생각되는 부분을 보다 쉽게 이해할 수 있도록 시각화했다.

이 책을 읽고 나서 '내 취향은 무엇인가?' '남들에게 가장 보여 주기 싫은 나의 모습은 무엇일까?' '남들의 시선 밖에서 나를 진짜 행복하게 하는 일은 뭐였지?' 같은 각자의 질문을 찾을 수 있다면 좋겠다. MBTI 검사 질문지의 여러 문항을 꼼꼼히 체크하며 자기 자신이 어떤 타입인지를 찾아내듯이, 철학 개념을 가볍고 재미있게 읽고 삶의 무기가 될 수 있는 질문과 문장을 득템(得item)할 수 있기를 바란다.

삶에 대한 질문은 여러분 스스로가 찾아가야 하는 것이라면, 덕질에 관한 질문은 이 책을 통해 제시하고자 했다. 덕질은 과연 도피인가 취미인가? 덕후라는 정체성의 크기는 개인마다 어떻게 다른가? 때론 실제 연인과의 사랑보다 더 강렬하게 타오르는 덕심(心)이란 무엇인가? 현실의 친구보다 다정하고, 가족에게조차 쉽게 하지 못할 이야기도 잘 들어주는 덕후 사회의 유대감과 친밀감의 근원은 무엇인가? 또 덕후는 이타적이며 남들에게 폐 끼치지 않으려 노력하는 사람들인데 덕후에 대한 편견은 도대체 어디에서 오는 것일까? 이 책은 이런 덕질에 대한 많은 질문을 철학자들의 이론을 빌려 정리했다.

『덕후와 철학자들』이 덕질의 정체성을 고민하는 덕후에게는 힌트가 되고, 덕후가 아닌 분들에게는 철학에 유쾌하게 접근할 수 있는 기회가 되기를, 궁극적으로 모든 분들이 각자의 질문을 발견하는 계기가 되기를 희망한다.

차민주

※ 본서의 모든 일러스트는 필자의 아이디어 스케치를 바탕으로 그려졌다.

# 덕후의 세계

# 덕후, 세계 최고의 별명 개발자

feat. 페르디낭 드 소쉬르 - 시니피앙 · 시니피에

별명은 정체성을 창조한다.

그룹 에이핑크의 멤버 윤보미는 '시구여신'이라는 별명을 갖고 있다. 아마추어로 보기 어려울 만큼 시구를 잘하기 때문이다. 그녀의 시구는 무릎을 가슴까지 올리는 와인드업으로 시작해, 시속 87킬로미터로 공을 던져 포수의 미트에 뿌리듯 갖다 꽂는 것으로 끝이 난다. 타자의 무릎 높이에 들어가는 제구력은 현역 포수들도 감탄할 정도다. 투구 폼까지 좋아서 '뽐가녀'라는 별명도 있다. 뽐가녀는 윤보미의 애칭 '뽀미'와 미국프로야구(MLB) 애리조나 다이아몬드백스의 투수 메디슨 범가너의 이름을 합친 것이다. 이런 야구 관련 별명은 그녀의 야구에 대한 진정성을 알리는 기호다.

그 밖에도 맛있고 복스럽게 잘 먹어서 '먹보미', 본명을 귀엽게 표현한 '뽀미', 실제론 보컬을 담당하고 있지만 흥이 나게 랩을 잘해서 '랩신랩왕' 같은 별명도 갖고 있다. 이 많은 별명은 '윤보미'라는 본명만으론 그녀가 가진 다채로운 매력과 실력, 열정과 귀여움을 다 표현할 수 없다고 생각한 팬들이 매력에 라벨을 붙여 준 것이다.

스타를 사랑하는 팬들은 좋아하는 대상에게 별명이라는 후천적 이름을 지어 준다. '실력이 뛰어나고 잘생기고 성실하고 귀엽다' 같은 상투적 표현만으로는 매력이 충분히 표현되지 않기 때문이다. 본체의 매력에 이름을 붙임으로써 기호화하는 것이다.

현대 언어학의 창시자이자 기호학이라는 이름을 만들어 낸 언어학자 페르디낭 드 소쉬르(Ferdinand de Saussure, 1857~1913)는 기호(sign)란 뜻(기의)과 이름(기표)이 결합된 약속이라고 했다.

'빨갛고 동그랗고 새콤달콤한 과일(뜻)을 사과(이름)라고 부르자' 같은 약속이 언어 기호다. '민트색에 아몬드가 들어간 31가지 그 아이스크림(기의)을 피스타치오 아몬드(기표)라고 부르자'라는 약속이 언어 기호다. 기호는 서로 소통하기 위한 약속이다. 언어 기호는 뜻과 이름이 합쳐져 만들어진다. 이미지 기호나 몸짓 기호 등 다양한 기호가 있지만 이 장에서는 언어 기호만 언급하겠다.

언어 기호는 '뜻'이 '언어'로 표현되는 기호다. 소쉬르는 기호를

구성하는 기의(뜻)를 시니피에, 기표(이름)를 시니피앙이라고 이름 붙였다. 빨갛고 동그란 과일이라는 시니피에(뜻)에 사과, Apple, Pomme, リンゴ 같은 시니피앙(이름)이 연결되어 언어 기호가 된다. 여기서 소쉬르는 시니피에와 시니피앙이 고정된 관계로 연결되어 있다고 보았다. 빨갛고 동그란 과일이 사과라는 이름을 갖는 것은 수평적이며 불변이라는 것이다. 뜻과 이름이 같은 힘으로 맞물려 있다고 본 것이다.

　그러나 40년 후, 철학자 라캉은 소쉬르와 다르게 시니피앙(이름)이 시니피에(뜻)를 지배한다고 보았다. 이름이 뜻보다 우위에 있다고 본 것이다. 이름이라는 그릇이 없다면 뜻을 담을 곳이 없다. 시니피앙이 시니피에를 지배한다는 것은 이름이 본체의 정체성을 지

◈ 시니피에와 시니피앙

배한다는 것이다.

애니메이션 영화 <너의 이름은.(君の名は。)>(2016)에서 주인공인 미츠하와 타키는 타임슬립으로 3년의 시간을 오가며 수시로 영혼이 뒤바뀌는 경험을 한다. 그러다 더 이상 영혼이 바뀌지 않게 되고, 3년 후의 미래에 사는 소년 타키는 이를 의아해하다가 미츠하가 사는 동네에 일어난 사고와 죽음을 알게 된다. 타키는 시간을 거슬러 가 미츠하의 사고를 막고 과거를 바꾸지만 바뀐 과거 때문에 두 사람은 서로의 이름을 잊어 간다. 과거와 현재의 시간이 교차하는 짧은 순간에 다시 만나게 된 미츠하와 타키는 과거의 기억과 함

◈ 애니메이션 영화 〈너의 이름은.〉 포스터

께 사라질 서로의 이름을 잊지 않기 위해 손에 이름을 써 주려 하지만 시간 부족으로 실패한다. 그들은 존재가 이름에 담겨야만 실체가 된다는 것을 알고 있었던 것 같다. 언어가 존재의 집이 되는 현상, 소쉬르는 이런 현상을 일컬어 '우리는 언어 속에서 구체적 본질의 사실, 즉 대상을 갖는다'*고 했다. 이름을 아는 것은 존재를 아는 것이다.

5년 후 미츠하와 타키가 우연히 만났을 때 서로의 이름을 알고 있었다면 한 번에 관계를 회생할 수 있었을 것이다. 만약 학원에서 호감이 가는 아이의 이름을 알지 못한다면 그 감정이 담길 곳이 없기 때문에 결국 호감은 사라져 버리고 만다. 서로의 이름을 모르는 이런 상황을 칸트식으로 말하면 '있기는 있으되 인식되지 않는 무엇' **이다.

이름은 존재를 정의한다. 시니피앙은 시니피에를 담아내는 거푸집이다. 그 아이를 뜻하는 시니피에는 미츠하라는 시니피앙에 담겨 실체로 존재하게 된다. 이름이 없는 것은 존재하지 않는 것이다. 예를 들어 한국어의 주꾸미, 세발낙지, 문어는 모두 영어로 'Octopus'이다. 영어권에서 주꾸미는 식별되지 않는 무엇이다.

---

* 페르디낭 드 소쉬르, 『소쉬르의 마지막 강의』, 김성도 옮김, 민음사, 2017, 267쪽.
** 이진경, 『철학과 굴뚝청소부』, 그린비, 1994, 168쪽.

스타의 매력도 '별명'이라는 시니피앙에 담겨야 실존하게 된다. 국민MC 유재석의 '유느님'이라는 별명은 유재석의 전능함을 실체화했고, 배우 마동석의 '마블리'라는 별명은 마동석의 귀여움을 존재화했다. 이름이 없는 매력은 인식되지 않는 무엇이다. 덕후들이 자신이 사랑하는 대상의 별명을 계속 짓는 것은 여러 매력을 실체화하고 알리려는 시도이다. 계속 이름을 추가하며 매력 실체화의 완공을 시도하는 것이다.

하지만 철학자이자 구조학자 자크 라캉은 '시니피앙의 무한 미끄러짐'을 이야기하면서 시니피앙은 결코 시니피에에 닿을 수 없다고 했다. 아무리 많은 별명을 지어도 매력의 완성에 닿을 수는 없다는 것이다. 연인의 사랑스러움에 대한 시를 100편 써도 그 사랑스러움을 완벽하게 표현하지 못하는 것은 시니피앙으로 시니피에를 완성시키기 불가능하기 때문이다. 이것이 시니피앙의 무한 미끄러짐이다.

시니피앙이 시니피에를 완성시킬 수는 없지만 본질을 꿰뚫는 은유, 탁월한 표현으로 시니피앙은 시니피에의 가치와 완성도를 높이는 데 기여한다. 소쉬르는 언어와 기호의 의미를 '가치(value)'라고 부르고 이를 마르크스 정치경제학에서의 경제적 가치이론과 비교했다.* 잘 지은 별명 하나는 수백만 달러의 가치를 가질 수 있고 이름이 하나 추가될 때마다 대상의 가치도 증가한다.

그런데 시니피에와 시니피앙이 결합되어 기호가 되기 위해서는 그 약속을 공유하는 집단이 필요하다. 언어는 자의적 성질을 갖고 있어서 대상이 원하지 않더라도 이름을 붙이고 공유하기만 하면 약속이 된다. 소쉬르는 이것을 '언어의 자의성'이라고 했다.

오리가 '오리'가 된 것은 스스로 그 이름을 원해서 갖게 된 것이 아니라 언어가 자의적으로(멋대로) "자, 지금부터 네 이름은 오리야"라고 붙인 것이다. 생김새나 울음소리 등 오리의 정체성과도 관

◈ 언어의 자의성 - 이름은 내 의지와 상관없음

---

* 박영욱, 『보고 듣고 만지는 현대사상 : 예술이 현상해 낸 사상의 모습들』, 바다출판사, 2015, 290쪽.

련 없는 생뚱맞은 이름이다. 농담 삼아 이야기하자면 기린, 오리, 코끼리, 토끼, 뱀이라는 이름표를 늘어놓았을 때 동물들이 물고 온 것이 각자의 이름이 되었는지도 모른다.

지아, 현서, 채원 같은 이름들이 자신의 의지와 상관없이 붙여지게 된 것도 같은 이유에서다. 이것이 언어의 자의성이다. 소쉬르는 대중 집단은 현존하는 언어에 구속되어 있으며 언어를 물려받은 그대로 수용할 수밖에 없다고 했다.* 주어진 언어는 이미 널리 공유된 약속이기 때문에 깨뜨릴 여지가 없는 것이다.

그런데 별명은 이런 언어의 강압적 자의성을 깨뜨린다. 매력이 흠뻑 담긴 별명은 공감을 얻어 약속이 됨으로써 언어의 약속이라는 강직성을 깨뜨린다. 복슬복슬하니 노란빛이 도는 털을 가진 강아지 이름은 해피인데, 그보다 '인절미'라는 별명으로 더 많이 불리는 것은 강아지가 인절미처럼 생겼기 때문이다. 별명에 대한 공감이 이름의 고정성을 깨 버렸다.

친구 지호를 나 혼자 '호호'라고 부르면 혼잣말이지만 여러 친구들이 '호호'라고 부르기 시작하면 그것은 공유된 약속, 별명이라는 기호가 된다. 기호가 되기 위해서는 약속을 공유하는 집단이 필요하다.

---

* 페르디낭 드 소쉬르, 『일반 언어학 강의』, 김현권 옮김, 지식을만드는지식, 2012, 146쪽.

방탄소년단의 뷔는 콘서트 도중에 팬들에게 "보라해"라고 말했다. 즉석에서 지어낸 말로 '서로서로 믿고 오랫동안 사랑하자'라는 뜻이라고 했다. '보라해'라는 기표에 즉시 '서로서로 믿고 오랫동안 사랑하자'라는 기의를 연결시키고 팬들과 약속을 공유함으로써 즉석에서 기호를 만들어 버린 것이다. 혼자서 "보라해"라고 말했다면 아무런 사회적 의미를 갖지 못하는 파롤이었을 텐데 그 뜻을 설명하고 집단과 공유하여 약속으로 만듦으로써 랑그가 되었다.

소쉬르는 언어를 사회적 기준에서 파롤(parole)과 랑그(langue)라는 두 가지 언어로 구분했다. 랑그란 사회적으로 약속된 언어 규칙 시스템을 말하고 파롤은 주로 랑그에 지배받는 개인의 실제 말을 가리킨다. 파롤은 주로 랑그를 따르기 때문에 사회적 소통이 가능하지만 때로는 소통할 수 없는 발화도 일어난다. 예를 들어, 화가 날 때마다 '헐'이라고 말해야겠다고 혼자 정해 두었다면 그 파롤은 랑그를 벗어난다.

MBTI(성격유형지표)별 모임, 학교 동창회, 출신 지역 향우회, 식도락·여행·증권·요리 동호회는 누군가 모두 파롤을 랑그로 만들 수 있는 언어 집단이다. 증권 동호회는 "한강 물 차냐?"라고 물었을 때 이 말이 진짜 수온을 궁금해하는 게 아니라, 주식 시장이 좋지 않다는 표현이라는 것을 이해하는 사람들의 모임이다. 즉, 언어에

◈ 파롤 (개인 발화)

◈ 랑그 (사회적 규칙이 맞아 소통되는 언어)

담긴 규칙을 공유하고 같은 세계관을 갖는 사람들인 것이다.

언어는 일종의 세계관, 세계를 바라보는 관점이다. 민족이나 국가는 같은 언어를 쓰는 집단이자 같은 관점으로 세계를 바라보는 사람들이 모인 사회 집단이다. 어떤 언어를 쓰느냐가 정체성을 결정한다. 국적이 여러 개인 사람이 자신의 국적 정체성을 결정하려면 어느 언어가 가장 편안한지를 고려하거나 무슨 언어로 꿈꾸는지 생각해 보는 것도 한 방법일 것이다.

우리는 자신에게 공감해 주는 대상들에게 둘러싸일 때 안정과 위로를 얻는다. 같은 것을 좋아하는 덕후끼리 모이거나 같은 사투리를 쓰는 고향 사람끼리 모이는 것처럼 어떤 면에서든 비슷한 사람들을 필사적으로 찾아 헤매는 것은 모두 내 기호를 이해해 줄 사람들, 내 파롤을 랑그로 들어줄 사람들을 찾는 일이다.

# 덕후계는 기호의 놀이터

feat. 찰스 샌더스 퍼스 - 아이콘 · 인덱스 · 심벌

기호란 어떤 표시가 무엇을 뜻하는가에 대한 약속이다. 쉽게 말해, 'ㅇㅇ'이라는 자음 표현을 알았다는 뜻으로 정하자고 약속하면 'ㅇㅇ'라는 기호가 탄생하게 된다. 기호의 종류는 언어 기호와 비언어 기호로 나눌 수 있다. 언어 기호는 글자나 말처럼 문자 / 청각 언어로 된 기호이고 비언어적 기호는 이미지, 제스처, 공간, 색깔, 표정, 음악 등으로 표현되는 기호다.

우리는 주로 언어 기호를 사용하여 표현하고 소통한다. 덕후의 절절한 사랑을 묘사한 소설『환상통』(이희주, 문학동네, 2016)에 나오는 주인공 만옥은 좋아하는 아이돌 가수의 아름다운 모습을 보고 감탄하며 이렇게 말한다. "존나 예뻐, 시발 죽어도 좋아." 여기서 욕

은 극단의 감동을 할 수 있는 데까지 표현하기 위해 사용된 언어 기호다. 최상급의 감동과 최악의 나쁜 일을 맞이했을 때 덕후들은 비속어를 사용하곤 한다. 어휘력 부족 때문이 아니라 쓸 수 있는 언어 기호 중 최상으로 강한 표현이기 때문이다.

욕만큼 자주 사용되는 은유적 언어 표현으로는 '죽음'이 있다. "좋은 삶이었다" "사망!" "씹덕사(귀여워서 죽음)" 같은 표현은 죽음에 비견될 만큼 감동적이고 좋았다는 뜻이다. 죽음은 언어라는 시니피앙 중 최강의 메타포다. 죽음과 비슷하게 활용되는 극단적 메타포로는 '파괴'도 있다. "지구 부숴! 아파트 부숴!" 같은 표현은 지구를 부술 수 있을 만큼 감정의 크기가 크고 격렬하다는 뜻이다.

일상의 감정과 생각은 주로 말과 글, '언어'라는 형식에 담겨 표현되는데 덕후들의 기쁨과 벅참, 감동은 언어로만 나타내기엔 어휘의 종류와 깊이가 턱없이 부족할 때가 많다. 언어로 심정을 다 표현할 수 없을 때 덕후들은 그림을 이용한다. 그림이나 짤(주로 인터넷상에서 사진이나 그림 따위를 이름), 영상을 이용하면 말과 글로는 부족한 감정의 격렬함을 그나마 실감 나게 나타낼 수 있기 때문이다.

이렇게 자신의 감정을 더욱 잘 표현하기 위해 덕후들이 만든 짤이나 영상 등 이미지로 전달되는 감정 표현을 비언어적 기호라고 한다. 그리고 비언어적 기호 중에서 가장 빈번하게 사용되는 것이 이미지 기호다. 일상에서 많이 쓰는 이미지 기호로는 비상구나 화장실 표시, 풍향 표시 등이 있다. 녹색의 비상구 그림을 바로 알아볼 수 있는 것은 그 그림이 '비상시 탈출로'를 의미하는 그림이라는 약속이 사전에 공유되어 있어서다. 이처럼 기호는 글자 없이 그림만으로도 기의를 명확히 전달할 수 있다.

　이미지가 아닌 비언어적 기호도 많다. 엄지와 검지를 겹쳐 만드는 일명 '케이 하트'는 '사랑해'라는 뜻의 제스처 기호다.

　그 밖에도 TV 예능에서 자주 등장하는 "별빛이 내린다~ 샤랴랄라라랄라~"와 같은 노래는 '환상적으로 아름다운 외모'라는 뜻의 음악 기호다. 집을 공개할 때 주로 나오는 '따라라라라~ 라라라라라~'

언어적 기호

비언어적 기호

◈ 언어적 기호와 비언어적 기호

같은 BGM은 '새롭고 멋진 장소를 소개하며 자랑한다'는 뜻의 음악 기호다. 그 외에도 장례식의 검은 옷과 흰옷은 '조의를 표한다'는 비언어적 패션 기호다.

공간 기호도 있다. 피시방이나 클럽 같은 곳은 밖에서 안이 보이는 오픈된 장소보다는 주로 지하에 많이 위치한다. 색깔 기호도 있다. 학교나 정당, 팬덤 등의 단체는 각자 상징하는 색깔을 가진다. '펄아쿠아그린'은 그룹 샤이니의 팬덤인 샤이니월드를 표현하는 색이다. 야구팀 LA 다저스 팬들은 자신들에게 푸른 피가 흐른다는 표현을 쓸 만큼 팀의 공식 색상인 파란색에 큰 의미를 부여한다.

언어를 기준으로 하면 기호를 언어 기호와 비언어 기호로 나눌 수 있지만, 다른 분류 방법도 있다. 미국의 논리학자이자 철학자, 기호학자인 찰스 샌더스 퍼스(Charles Sanders Peirce, 1839~1914)는 기호를 가리키는 대상(referent)에 대한 표현 방식에 따라 아이콘(icon), 심벌(symbol), 인덱스(index)로 구분했다. 대상과 기표의 연결에 해석이라는 관점을 추가한 것이다. 즉시 해석이 가능하면 아이콘, 잠시 생각해서 의미를 유추 가능하면 인덱스, 학습을 통해서만 알 수 있는 기호는 심벌로 분류했다.

아이콘은 지시하는 대상과 표현된 그림의 모양이 닮아서 즉시 그 뜻이 인식 가능한 기호다. 화장실 표시의 남녀 그림, 닭다리가

◆ 아이콘 · 인덱스 · 심벌

표현하는 메뉴, 자전거도로 표시 등은 무엇을 의미하는지 보자마자 알 수 있는 아이콘이다. 이렇듯 아이콘은 지시하는 대상을 직접적으로 표현한다.

덕후계의 아이콘 기호로는 '피규어'가 있다. 피규어는 애니메이션의 주인공이나 영화 캐릭터를 똑같이 묘사하여 만들기 때문에 보는 즉시 본체가 누구인지 알 수 있다. 피규어는 지시하는 대상이 명확한 아이콘이다. 피규어 외에도 누구나 원본을 알아볼 수 있는 봉제인형, 포토카드, 사진을 이용한 굿즈 등도 아이콘으로 분류할 수 있다.

인덱스는 잠시 고민하면 의미를 알아낼 수 있는 기호다. 무언가를 암시하는 기호가 여기에 해당한다. 예시 그림처럼 높은 굽의 구두 그림은 하이힐 매장 안내, 금연, 방향 지시 같은 것이 이미지로 표시되는 인덱스다. 이미지가 아닌 인덱스 기호도 있다. 문을 똑똑, 하고 두드리는 행동인 노크는 들어가도 되느냐는 뜻이고, 웃는 표정은 긍정적 감정을 표현하는 인덱스 기호다.

덕후들이 많이 사용하는 인덱스 기호로는 감정 표현용 '짤'이 있다. 관에 들어가는 짤은 좋아서 죽을 것 같다는 뜻이고 아파트에서 뛰어내리는 짤은 기분 좋은 감정이 그만큼 격렬하다는 뜻이다. 이런 짤들은 실제 '죽음'을 가리키는 것이 아니라 '좋아 죽겠다'는 감정을 은유한 것이며, 덕후들 사이에서 인덱스 기호로 공유된다.

심벌은 학습을 통해서 인지 가능한 기호다. 표지판, 회사, 브랜드의 로고 같은 것이 심벌이다. 누구나 처음부터 아는 것 같지만 사실은 우리가 TV 광고나 온라인 등에서 자주 보았기 때문에 알게 된 애플의 사과 로고나 스타벅스의 초록색 마크 같은 것이 대표적 심벌이다. 속도 제한 표지판 같은 교통 표지판도 학습을 통해 뜻을 해석할 수 있게 된 심벌이다. 우리가 아이콘이라고 부르는 핸드폰 앱의 대표 이미지들은 기호학적으로는 심벌이다. 유튜브 아이콘을 학습하기 전엔 그 아이콘이 유튜브를 표시한다는 것을 알 수 없기 때문이다.

덕후의 문화에서 많이 사용되는 심벌로는 팬덤의 '공식 색'이 있다. 공식 색은 그 팬덤임을 표시하는 색이다. 아이돌 팬덤들은 높은 확률로 팬덤을 표시하는 공식 색이 있다. H.O.T는 흰색, 젝스키스는 노랑, god는 하늘색, 동방신기의 빨강은 팬덤을 대표하는 공식 색이다. 시대를 풍미했던 팬덤의 공식 색은 일반인이 알 수도 있지만 대부분 팬덤의 색상은 덕후가 아니라면 학습해야 알 수 있는 상징 기호다.

그 밖에도 덕후끼리 통하는 심벌로는 덕질과 관련된 마크나 로고가 있다. 구글 플레이 로고는 표면적으로는 구글 플레이의 로고지만 숨은 뜻은 현질(탕진)의 상징이다. 아이돌 인기 순위 앱의 로고는 명목상으론 아이돌의 인기 순위를 보여 주는 앱이지만 덕후들 사이에선 투표와 노동의 상징으로 통한다. 투표를 많이 해야 인기 순위를 올릴 수 있기 때문이다.


구글 플레이 로고가 '현질'이라는 새로운 의미를 얻은 것처럼 대상에 새로운 해석을 추가하여 새로운 기호를 완성하는 과정을 퍼스는 세미오시스(semiosis)라고 불렀다. 단어가 좀 어렵게 느껴지지만 예를 들면 이런 것이다. 혹시 '혜자스럽다'라는 단어를 들어 본 적 있는가? 배우 김혜자는 '혜자(은혜로운 사람)'라는 이름 덕분에, 기존의 '국민 어머니'라는 기호에 '가성비'라는 이미지의 기호가 추가되었다. 덕질은 세미오시스의 반복 과정이다. 좋아하는 가수에

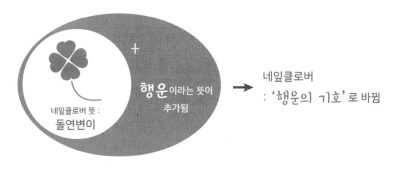

◈ 세미오시스 - 같은 대상에 의미가 추가되거나 바뀜

게 '꿀성대'라는 해석을 붙이는 세미오시스를 시도했는데 이게 확산되어 범국민적 기호가 된다면, 덕후에게 그만큼 보람찬 일은 없을 것이다. '모에화'*라고 하여 대상을 동물이나 과일 등에 비유하여 새로운 의미를 생산하는 것도 세미오시스다. 대상에 새로운 해석체(의미)를 부여하는 것이기 때문이다.

기호에 해석을 추가하는 세미오시스는 비즈니스, 정치, 문화, 종교 등 모든 분야에 적용되는 기호 창작법이다. 복조리나 네잎클로버가 행운의 상징이 되고, 이사하는 날 눈이 오면 부자가 되는 시그널이고, 잉어 그림이 수험생의 합격을 뜻하는 등 다양한 의미 추가를 통해 새로운 기호를 생산할 수 있다. 막대 과자에 사랑의 고백이

* 모에(萌え)란, 일본 애니메이션 덕후들이 '귀여운 요소'라는 뜻으로 사용하기 시작한 단어다. 한국에서 '모에화'는 원본의 특징을 포착하여 다른 이미지로 환유·중첩을 의미하는 은유로 사용된다.

라는 의미를 추가하니 막대 과자는 '사랑의 메신저'라는 기호가 되었다.

기호학이란 넓게는 사회 속에서 기호의 본성과 의미 작용을 연구하는 학문이고 좁게는 언어적 기호와 이미지, 사진, 영상, 제스처, 음악, 그림 등의 비언어적 기호를 분석하는 학문이다. 기호학이 기호를 연구하는 학문이라면, 짤을 통해 감상하고 싶은 사진(그림, 동영상)을 창작하거나 모에화처럼 기표에 기의를 덧붙이는 덕질은 '기호 창작 놀이'다.

사실 덕질 대부분이 기호 창작으로 이루어지는 놀이다. 모든 것에 의미를 부여하는 것이 덕질을 하는 즐거움의 핵심이다. 덕후가 아니어도 기호 놀이를 할 수 있다. 가끔 삶이 지루할 때는 자신의 로고나 제스처를 만들어 보거나, 집이나 방에 이름을 붙이거나, 자신의 주제곡을 정해 보자. 나 자신을 덕질하는 기분을 느낄 수 있을 것이다.

중간
쉼터
1

# 기호학의 변증법적 계단

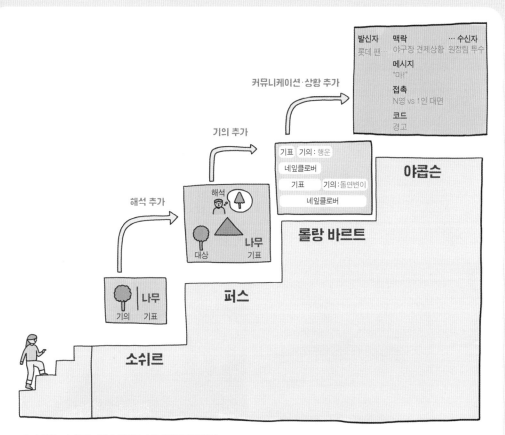

◎ 소쉬르 : 소쉬르는 뜻과 의미를 1:1 매칭으로 보았다.

◎ 퍼스 : 퍼스는 같은 기표일지라도 해석하는 사람에 따라 다른 해석이 가능하다고 보았다. 예를 들어 '나무'라는 글자를 보고 A
는 뾰족한 나무를 생각하고 B는 둥그런 나무를 떠올릴 수 있다.

◎ 롤랑 바르트 : 롤랑 바르트는 돌연변이를 의미했던 네잎클로버에 '행운'이란 뜻이 추가되었듯, 기의가 추가될 수 있다고 보았다.

◎ 야콥슨 : 야콥슨은 커뮤니케이션 상황에 따라 '뜻'을 다르게 해석할 수 있다고 보았다. 예를 들어 야구장에서 '마'는 경고의 뜻이다.

# 이름 없는 새우젓의 '초월'

feat. 에마뉘엘 레비나스 - 초월

덕후 단체에는 이름이 있다. 덕후일 때는 개인의 이름보다 단체의 이름이 중요하다. 그래서 덕후는 스스로를 '새우젓'이라 칭하곤 한다. 새우젓은 스타들이 콘서트장에 모인 팬을 바라볼 때 개별로는 식별이 어렵고 마치 새우젓처럼 뭉쳐진 모습으로 인식된다는 의미의 비유다.

◈ 공연장에 모인 팬들과 새우젓

새우젓이라는 호칭의 정체성은 익명(anonymous)과 무리(group)에서 찾을 수 있다. 스스로를 새우젓이라고 칭하는 것은 사회적으로 높은 위치에 있거나 성취를 이루었다 해도 팬으로서는 그저 모래알처럼 많은, 이름 없는 팬 중에 한 명이라는 것을 받아들이겠다는 겸허의 표현이다. 덕후로 활동하는 동안은 사회의 내 이름에서 벗어나, 단체로서의 이름과 정체성, 공동 관심사에 대한 즐거움과 목표를 나누는 데 집중한다. '우리에 기여하는 이름 없는 나'가 새우젓의 존재적 특징이다.

덕질의 이런 '공동체적 이타성'은 프랑스 철학자 에마뉘엘 레비나스(Emmanuel Levinas)의 주된 관심사였던 '타자와의 관계'를 이해하는 좋은 예다. 1906년에 태어나 1995년에 사망한 레비나스는 지금 시대에도 통용될 수 있는 미래적 사상을 가졌던 철학자였다. 고대 그리스부터 그 이전까지의 철학이 '내가 인간 세상 진리를 다 깨닫기'와 '나를 전능한 존재로 만드는 방법'을 주로 고민했다면, 레비나스는 쉽게 말해 '혼자만 잘살면 무슨 재민교' '모든 것은 사람 사이의 일이지요' '그대가 있어서 내가 사람 되는 거죠'를 설명하려 한 철학자였다.

레비나스는 인간의 발전 단계를 타인과의 관계를 통해 설명했다. 레비나스에 따르면 존재(existence)는 처음 태어나서 이름도 없고 자신을 통제할 의식도 없는 상태다. 그러다가 의식이 생기고 자신을 인지하기 시작하면서부터 자신의 이익을 추구하는 이기적인 존재자(existent)가 된다. 그리고 한동안 존재자로서 이기적으로 살다가 타인을 향한 선행을 하거나 또는 집단에 참여하고 기여하며 존재자를 탈출하는 변화인 '초월'을 겪는다. 초월은 자아와 자신의 관계를 끊는 일이며, 벗어남이자 탈출이다. 이런 초월은 선행과 타자와의 관계를 통해서만 일어날 수 있다.

레비나스는 초월을 가능하게 하는 사건으로 '출산'을 예로 들었다. 아이를 낳아 키우는 일이야말로 타자를 위해 자신을 희생하고, 아무런 대가 없이 베풀어야 하는 이타적인 일이다. 대가를 바라지

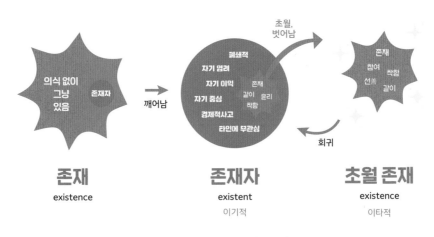

◈ 존재 - 존재자 - 초월의 프로세스

않는 사랑(선행), 내가 낳았지만 타자인 아이와의 관계가 자기중심적 존재자를 벗어나 초월을 경험하게 한다는 것이다. 대신 아이는 엄마에게 미래라는 시간을 약속해 준다. 다시 말해, 내가 깃들어 존재할 시간이 내가 죽은 후에도 아이의 삶으로 남겨지는 것이다.

출산 외에 존재자를 탈출해 초월을 경험하려면 대가 없는 선행을 베풀면 된다. 예를 들어 물난리가 난 피해 지역을 위해 모금에 동참했다면, 내가 그 지역의 수재민이 피해를 극복하고 일상으로 돌아갈 수 있도록 도운 것이기 때문에 수재민의 미래 시간은 나의 미래와 연결된다. 그 시간은 나의 선행으로 인해 내가 보지 않는 곳에서 일어나는 평행 세계의 시간인 것이다. 타인의 삶에 선행을 베풀면 그것이 내게 미래라는 시간이 된다.

선행 같은 초월은 시간을 연결시킨다. 초월은 나이며 동시에 내가 아닐 수 있음, '여전히 나이되 또 다른 이로 변화함(transubstantiation)'을 조건으로 한다.* 이것은 상태의 본질적 변화가 아니라 상태(모드) 변화를 말한다. 요즘 유행하는 '부캐'와는 다르다. 왜냐하면 초월은 이타성이 포함된 상태여야 하기 때문이다.

덕후가 덕질할 때는 평소의 자신과 다른 정체성으로 하는 경우가 많다. 평소엔 나만 아는 이기적인 성향의 사람이지만, 덕질 대상

---

\*  에마뉘엘 레비나스, 『존재에서 존재자로』, 서동욱 옮김, 민음사, 2003, 213쪽.

과 관련된 사회적 이슈(인종차별이나 성차별 같은)가 발생했을 때 이 타적인 사회운동가로 변하는 경우가 있다. 학교, 회사, 가정 속의 나를 그대로 유지하면서도 덕후계의 내가 되면 다른 성질을 갖는 것이다. 이것도 일종의 초월이다.

중간 정리를 해 보면, 초월이 가능한 경우는 크게 세 가지다. 첫

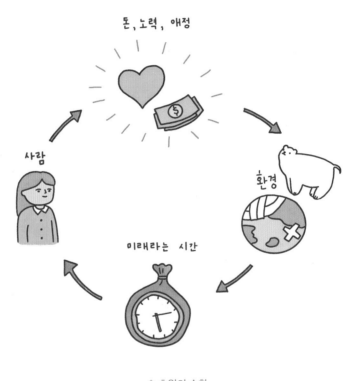

◈ 초월의 순환

번째로 앞에서 레비나스가 예를 든 출산과 양육, 두 번째는 지구온난화 방지, 기부, 고래와 북극곰 보호 활동 등 문명의 이기로 고통받는 세상을 위한 대가 없는 노력 그리고 세 번째는 덕질이다.

첫 번째의 초월, 출산과 양육은 앞에서도 언급했듯 조건 없는 사랑이자 희생이다. 아이에게 무한한 사랑을 주고 원하는 대로 자라주지 않더라도 원망하지 않는 것이 초월이다. 아이는 나인 동시에 타자다. 타자일 때조차 무조건적 헌신만을 제공하는 것이 부모의 사랑이다.

두 번째의 초월은 고통받는 이들을 위한 선행이다. 도움이 필요한 자들의 호소에 응답하는 것이다. 인간은 언제나 자신에게 이익이 되도록 경제적인 행동을 한다. 자아는 자기에게 '수입'이라는 수익이 들어올 때만 세계 안에 '수고'를 투입한다. 하지만 고통받는 이와의 만남과 나눔은 황금으로 된 성을 짓고 폐쇄된 문 안에 들어앉은 욕심꾸러기 같은 '코나투스*'를 버리게 한다. 어려운 이웃, 자연재해를 입은 사람들, 유기견, 살 곳을 잃은 북극곰, 이명에 고통받는 돌고래와 같은 타자를 위해 돈과 시간을 쓰며 수고하는 것이 두 번째 초월이다. '살려 달라'고 사람들에게 알리고 싶어도 광고를 할 돈이 없는 지구를 위해 노력한다면 그것 또한 초월이다. 재활용

* 코나투스(conatus)는 자신의 존재 안에 머무르려는 경향. 자신의 감정 관리에 집중을 나타내는 철학 용어를 의미한다.

되지 않는 쓰레기를 줄이기 위해 노력하면, 미미한 온도일지라도 지구의 온도를 낮추는 데 기여할 수 있고 그것은 내가 죽은 후에도 이어질, 지구의 시간으로 보상된다.

세 번째의 초월은 덕질이다. 덕질은 내가 새우젓이라는 존재로 전환되어 이기심을 버리고 덕질 대상인 타자에게 헌신하기 때문이다. 예를 들어, 어떤 가수를 좋아하는 팬이 자신의 트위터 프로필에 내 가수가 1위하면 탈덕(팬을 그만두는 것)하겠다고 적어 두었다면 그것은 초월로 해석할 수 있다. 수고스럽더라도 내 가수의 1위를 위해 헌신하겠다는 의미이기 때문에 이 팬의 덕질은 진정한 초월이다. 출산은 혈연으로 연결된 초월이지만 덕질은 혈연도 아니고, 나의 수고를 인정받지 못할 것을 알면서 하는 초월이다. 사랑하는 가수가 1위가 된 행복한 미래 시간이 팬에게 돌아올 선물이다.

국가대표 축구팀을 덕질한다면 붉은악마로서의 응원과 좌석의 빨간색 점유율을 보태는 데 의의를 둘 뿐이다. 자신의 이름이 어딘가에 기록되길 바라거나 인정받고자 하는 의지는 없다. 이를 두고 레비나스는 "이런 나타남이란 스스로를 보여 주지 않는다는 것이다"*라고 했다. 덕후는 착한 목적을 가진 단체 이름으로 나타날 뿐 개인으로서는 자신을 숨기고 단체에게 명예를 돌린다. 아주 작은

---

* 우치다 타츠루, 『레비나스와 사랑의 현상학』, 이수정 옮김, 갈라파고스, 2013, 67쪽.

이익에도, 찰나의 노출을 위해서도 치열한 경쟁이 벌어지는 21세기에서 이런 이타성과 겸허를 가능하게 만드는 덕질은 판타지처럼 비현실적이다.

덕후는 덕질 대상에 대한 보상 없는 응원과 노력을 한다. 그들이 이름 없는 새우젓이 된 것은 선한 일에 대한 공로를 받지 않으려는 이유다. 보통 익명이나 차명은 범죄나 범법을 위해 필요한데, 덕후는 이름 없는 선행과 공헌을 위해 익명이 필요했던 것이다.


레비나스는 수많은 철학자를 고뇌에 빠뜨렸던 '존재에 대한 물음' 대신 존재를 넘어서는 것, 타자를 위한 착함(善)이라는 초월을 추구했다. 그 초월이 당연한 문화로 실현되는 곳이 덕후계다.

레비나스에 따르면 우리가 살고 있는 세계는 '금고 같은 세계'다. 다른 동물을 죽여서 먹거나, 돈을 벌어 물건을 사거나, 이 세계는 무엇이든 자신에게 속하게 하려고 한다. 그리고 이렇게 나의 존재에 모두 속하게 하려는 것을 '존재론'이라고 한다. 존재론에 반박한 레비나스는 나의 세계를 떠나 낯선 자에게로 가는 이 초월의 가능성을 이야기했다.*

결국 초월이란 자기 존재의 세계를 넘어서는 일이며, 인간의 삶

---

* 서동욱, 「생활 속의 철학」, https://terms.naver.com/entry.nhn?docId=3571058&cid=59056&categoryId=59056, 2021. 4.1. 포스팅 참조.

이란 내 존재를 위한 것일 뿐이라는 상식을 부인하는 일이다. 기부나 환경보호 활동은 삶에 새로운 존재 형태와 미래의 시간을 선물한다. 내 존재를 위하는 것이 아니라 타인을 위한 대가 없는 선행이다.

초월은 주로 익명이어서 더 선하다. 선한 자들은 이름이 없다. 진짜 선함은 봉사활동으로 인정받지 못하는 곳에서 주로 일어난다. 진짜 세상을 바꾼 사람들은 이름 없이 공동체에 기여하여 공동체를 변화시킨 사람들이다.

# 굿즈는 본체의 실존이다!

feat. 장 폴 사르트르 - 실존주의

덕후와 중고 거래를 하면 만족도가 높다는 이야기가 있다. 덕후
는 물건을 소중히 다루는 법을 잘 알기 때문이다. 덕후가 자주 거래
하는 사진의 포장 과정을 보자. 1차로 OPP 봉투에 넣어 먼지와 이
물질로부터 보호하고, 2차로는 물건 크기에 맞는 박스를 골라 외
부 면을 완충한 후, 3차로 사진을 에어 캡으로 포장한 뒤 박스에 넣
고 빈 공간이 없도록 완충제를 가득 채워 마무리하는 것이 덕후끼
리의 암묵적 매너다. 게다가 덕후 사이의 거래라면 꽤 높은 확률로
받는 사람이 좋아할 만한 덕질 물품이나 간식이 서비스로 따라온
다. 상자 안에 완충제 없이 물건만 덜렁 들어 있다면 그 상자를 보
낸 이가 덕후일 리는 없다.

덕후는 중고 거래로 덕질 물품이나 굿즈를 자주 거래하기 때문

에 물건을 소중히 다루는 것이 자연스럽게 몸에 배어 있다. 덕후에게 굿즈나 덕질 물품은 그냥 물건이 아니라 흠집 하나 나지 않도록 소중히 다뤄야 할 대상이기 때문이다. 굿즈가 일반 물건과 어떤 점이 다르기에 그리 소중한 것일까?

굿즈(goods)는 본래 상품이란 뜻이지만, 연예인 관련 소품 및 덕후들을 대상으로 만들어진 상품을 특정하여 가리키는 '굿즈'의 뜻은 일본에서 유래했다. 일본에서 애니메이션 피규어, 스포츠 팀 기념품이나 마스코트, 아이돌의 응원봉과 기념품, 캐릭터 인형처럼 팬들에게 파는 상품을 굿즈라고 부른 데서 시작해 이후 팬덤용 상품이라는 뜻으로 쓰이게 된 것이다.

굿즈의 정체성은 덕질 대상을 상징(symbol)하는 데 있다. A라는 스타를 좋아하는 사람에게 A의 피규어, 사진, 캐릭터 인형은 A를 상징한다. 굿즈는 A의 '대리 실존'인 것이다. 그래서 A를 좋아하는 이들에게 A의 굿즈는 마치 A의 홀로그램처럼 본체가 투영되어 있기 때문에 특히 소중하다. 우스갯소리로 덕후인지 아닌지 테스트하려면, 그 사람의 굿즈에 낙서를 하거나 파손을 해 보면 된다고 한다. 진짜 덕후라면 강제적 상황이 아니고서야 절대 굿즈를 손상시키지 않기 때문이다.

◈ 굿즈 - 원본의 대리 존재

덕후에게 굿즈란 원본을 대리하는 것이다. 굿즈는 오리지널의 영혼이 깃들어 있고 원본을 상징하기에 소중하다. 기호로 말하자면 대상을 닮은 심벌, 대상을 암시하는 인덱스, 그것이 굿즈의 본질이다.

사랑과 존경, 정의와 진리 같은 것은 손으로 만질 수 없다. 덕질의 대상 또한 실제로 곁에 둘 수는 없다. 때문에 굿즈는 사랑하는 대상의 실존이다. A라는 대상을 마음으로 좋아하지만 그 마음을 쏟을 실물이 없다면 굿즈를 사면 된다. 신발을 좋아하면 운동화를, 문구를 좋아한다면 볼펜이라는 실제 원본을 모을 수 있다. 그러나 기차, 밀리터리, 영화 주인공, 아이돌, 애니메이션 같은 대상을 덕질한다면 원본을 소유하는 것이 불가능하다. 실제 대상을 소유할 수 없기에 굿즈는 원본의 상징으로, 원본의 기표로 실존하는 것이다.

실존주의의 대표 철학자 장 폴 사르트르(Jean-Paul Sartre, 1905~1980)는 모든 물건이 존재 필요가 있어서 탄생했다고 볼 때 이것을 가리켜 '본질(essential)은 실존(existence)에 앞선다'라고 했다. 모든 물건은 본질적인 목적이 있어서 존재하게 되었다는 것이다.

예를 들어 가위는 자르기 위한 목적으로 만들어진 물건이다. 자

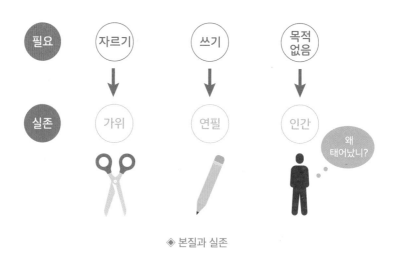

◈ 본질과 실존

르는 일이 가위의 본질인 것이다. 이처럼 굿즈의 본질은 사랑하는 대상을 상징하는 일이다. 본체를 상징하고 대리해서 대신 사랑을 주기 위한 필요로 탄생했다. 굿즈의 필요는 실제 대상이 되는 것이다. 내 눈으로 볼 수 있고 내 손으로 만질 수 있는 상징 대상이 되는 것이 굿즈의 본질(목적)이다. 굿즈뿐 아니라 모든 존재는 본질이 실존에 앞선다. 목적이 있고, 필요가 있어서 탄생한 것이다.

그러나 단 하나의 예외가 있다면 그것은 바로 인간이다. 인간은 목적 없이 태어났다. 살아가면서 주체적으로 스스로의 탄생 목적을 찾아내고 달성하는 존재가 인간이다. 오직 인간만이 태어난 후에 스스로 본질을 정의한다. 이것이 '실존주의'다. 인간의 실존은 본질(탄생 목적)에 앞서기 때문에 실존주의라고 부른다. 어떻게 보면 실존주의는 삶이 짊어진 큰 짐을 의미한다. 목적도 없이 태어났는데 내가 살아갈 목적이 되는 무언가를 찾고 자신을 증명해 내야 하니 말이다.

인간은 자신이 지금 어떤 것인가에 대한 책임이 있다. 실존주의의 첫걸음은 자신이 지금 어떤 것인가에 대해서 주인이 되도록 하는 것, 그리하여 모든 인간이 자신의 실존에 대해 전적인 책임을 지도록 하는 것이다. *

* 장 폴 사르트르, 『실존주의는 휴머니즘이다』, 박정태 옮김, 이학사, 2008, 33쪽.

우리는 이상형의 인간을 나를 통해 구현할 수 있다. 내가 선택한 내 이미지를 실제로 세상에 구현하는 것이다. 내가 그린 대로 살아갈 수 있고 할 수 있다는 것을 알고는 있다. 인간은 뭐든 할 수 있는 자유가 있지만 동시에 자유로워질수록 무언가 많이 해내지 못하면 불안과 불만에 휩싸이게 된다. 사르트르는 이것을 가리켜 '인간은 자유라는 형벌을 받고 있다'라는 유명한 말을 남겼다. 또한 "인간은 자유로부터 자유로울 수 없다"고도 표현했다. 사르트르의 이 말은 방탄소년단의 노래 가사에도 나타난다. 방탄소년단의 RM은 <Reflection>이라는 노래에서 "자유에게서 자유롭고 싶다"라고 했다. 의도한 것인지 알 수 없지만 이것은 사르트르가 말한 실존주의의 '자유라는 형벌'을 촌철살인으로 표현한 문장이다.

실존주의는 스포츠 선수의 모습에서도 찾아볼 수 있다. 경기를 앞둔 선수가 많이 하는 훈련 중 이미지 트레이닝이라는 것이 있다. 자신이 승리하는 모습을 떠올리는 훈련법인데, 이를 바탕으로 실제 경기에서 승리하는 경우가 많다. '2016 브라질 리우 올림픽'의 펜싱 에페 종목 결승전에서 한국의 박상영 선수는 10-14로 뒤지고 있던 상황에서 얻은 잠깐의 휴식 시간 동안 "할 수 있다. 할 수 있다"라고 자신에게 이야기했다. 이렇게 혼잣말하는 장면이 중계된 직후 그는 짧은 시간에 연속 5점을 얻으면서 금메달의 주인공이 되었다. 박상영 선수는 자신이 금메달을 받고 시상대 제일 높은 자리에 오르는 장면을 평소에 자주 떠올렸다고 한다. 이것이 바로, 목적 없이 태어났지만 목적을 만들어 실현하는 실존주의를 보여 주는 대표적인 예다.

긍정적인 사고나 이미지 트레이닝을 다룬 자기 계발서에 나오는 성공 사례들은 사회적 성공을 주로 이야기하지만, 실존주의에서 말하는 성공은 꼭 사회적 성공만을 의미하지 않는다. 어려서 부모를 잃은 경험이 있는 사람이라면, 자기 자녀들이 힘들 때 기댈 수 있는 부모가 되는 것이 평생 소망이자 실존의 이유가 될 수도 있는 것이다. 사회적 성공이 아니더라도 자신이 머릿속에 그린 그림대로 살아 내는 것이 실존주의다. 이것을 기투(企投, enfwurf)라고 하는데, 세상에 던질 나의 모습에 대한 설계를 뜻한다.

예를 들어 눈이 소복하게 쌓인 어느 날, 비상구 표시등 속의 사람 모양대로 내 모습을 하얀 눈밭에 찍고 싶다고 생각했을 때 떠올린 비상구 표시등 이미지가 기투다. 세상에 내가 존재하고자 하는 모습 그대로를 찍어 내는 것이다. 내가 존재할 미래 모습을 그리는 것이 사르트르가 말한 기투다.

그렇다고 해서 실존주의가 내 삶을 내가 그린 대로 이뤄 내야 하고, 그러지 못했을 경우엔 다 내 책임이라는 것은 아니다. 우리가 던져진 세상은 혼자만의 세상이 아니기 때문이다. 살다 보면 우리

◆ 기투 - 계획한 대로 세상에 내 모습을 찍어 내라

는 내가 설계한 모습대로 살지 못해서 절망하거나 자책한다. 내가
설계한 모습대로 살지 못할 때 겪는 가장 큰 괴로움은 남들의 시선
을 견디는 것이다. 실패한 내 모습을 남들에게 보이는 것은 힘든 일
이다. 사르트르는 '타인은 지옥이다'라는 유명한 말을 남기기도 했
다. 오직 나 혼자 사는 세상이었다면 실패하거나 좌절해도 그 모습
을 볼 사람들이 없으니 힘들지도 않고, 금방 다시 용기를 낼 수도

있을 것이다.

하지만 현실의 우리는 지옥 같은 타인의 시선에 둘러싸인 채 내 자신의 목적을 찾고 달성하려는 여정을 계속해 간다. 그저 나를 내가 사랑하는 모습으로 만들려는 시도를 반복한다.

굿즈는 사랑받을 대상으로, 사랑하는 사람의 상징이 되기 위해 세상에 왔다. 누군가가 구입하여 사랑을 주면 굿즈는 자신의 존재의 목적을 달성한 것이다. 이런 관점에서 보면 나는 내 자신의 굿즈다. 나는 내 스스로가 정의한 목적을 달성해서 나 자신에게 사랑받아야 할 존재다. 실존주의에서 인간은 스스로 존재의 목적을 찾아내서 달성해야 할 자유에 처해 있다. 만약 금메달을 따려는 목적을 가진 사람이 거듭된 실패와 시도 끝에 금메달을 땄다면, 이후 그 사람의 존재의 목적은 어디에 있을까? 사르트르는 존재의 목적이 금메달을 따는 것에 있는 것이 아니라 금메달을 따려는 시도와 그 넘어짐에 있다고 했다. 초월적인 목표를 세우고 추구하다가 넘어짐, 이 넘어짐의 한가운데에 존재의 목적이 있는 것이다.

실패란 목적을 가졌기에 생겨난 결과다. 인간에게 목적을 세워줄 사람은 자기 자신밖에 없다. 존재의 목적은 성공이 아니다. 목적을 찾는 일, 목적을 세우는 일, 목적을 실패하는 일이 존재의 진짜 목적이다. 나의 실패는 목적을 세웠다는 증거다. 나의 실패는 '나'라는 굿즈가 가진 존재의 이유이므로, 실패는 실패 그 자체만으로도 사랑받아야 한다.

# 케이팝이 알려 준 변증법

feat. 게오르크 빌헬름 프리드리히 헤겔 - 정반합

네가 속한 사회는

모두 정 반 합의 흐름 속에서

끝도 없이 새로워져

없던 길도 만들어 가

나의 반의 무게로 흐름들을

막아서는 안 되지

— 동방신기 〈O-正.反.合.〉에서

케이팝이 철학을 노래한다는 사실은 이미 오래전부터 알려져 있는 내용이라 낯설지 않다. 특히 동방신기의 〈O-正.反.合.〉은 철학을 노래하는 케이팝 중에서도 주제곡과 같은 노래다. 이 곡은 무려 독일의 유명 철학자 헤겔(Georg Wilhelm Friedrich Hegel, 1770~1831)의 변증법을 주제로 하고 있다. 케이팝에는 철학뿐 아니라 문학, 미술, 무용, 과학, IT 등 타 분야의 모티브를 적극 수용한 사례가 많다. 2020년에 데뷔한 SM 엔터테인먼트 소속의 '에스파'라는 걸 그룹은 4명의 멤버와 싱크로 연결된 4명의 인공지능(AI) 멤버를 갖고 있다. AI와 결합한 독특한 세계관을 가진 걸 그룹의 탄생은 당시 사람들의 이목을 집중시켰다.

이런 시도에서 볼 수 있듯 케이팝의 혁신은 시대에 맞춰 어제의 나를 부인하고 새로움을 포용하려는 태도에서 비롯되었다. 이런 태도는 다분히 변증법적이다.

헤겔 변증법의 핵심 개념인 '정반합'은 현재의 표준 개념인 정(正)과 새로 나타난 개념인 반(反)이 만나서 충돌하고, 정과 반이 융합되어 합(合)이라는 개념이 도출되는 것이다. 동방신기의 노래 가사대로 없던 길을 만들어 내는 원리이다. 정-반의 충돌은 한쪽이 다른 쪽을 누르고 일어서는 것이 아니라 서로를 들어 올리는 충돌이다. 두 개념이 만나 부딪히면서 상승 작용을 가져온다. 부딪힘의 결과가 파괴가 아니라 서로를 고양시킨다는 점에서 마치 전통 놀이인 차전놀이 같다.

모두가 좋아하는 치킨을 예로 들어 보자. 최초의 치킨은 프라이드치킨뿐이었다. 치킨의 정의, 정(正)은 프라이드치킨이었다. 그러던 어느 날 프라이드치킨만 먹는 것이 심심하다고 생각한 어느 선각자가 양념치킨을 등장시켰다. 양념치킨이 치킨의 새로운 물결, 반(反)으로 나타난 것이다. 양념치킨이라는 도전자 반(反)이 등장한 초반에는 프라이드치킨과 상대가 되지 않을 정도로 미미한 기세였다. 변종과 마이너로 취급받던 양념치킨은, 먹어 본 사람들의 환희에 찬 간증이 이어지면서 점차 지지하는 세력이 커졌다. 프라이드냐 양념이냐로 대결하던 사람들은 결국 프라이드 반, 양념 반의 '반

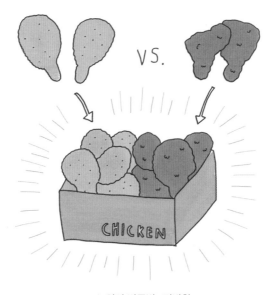

◆ 치킨 변증법 - 정반합

반'이라는 합(合)을 찾아냈다. 티키타카를 하다가 더 나은 결과에 도달하는 진화를 이뤄 낸 것이다.

이 치킨 변증법의 핵심은 반반이라는 결과가 아니라 '프라이드 치킨만으론 좀 심심한 것 같은데?'라는 셀프 반성에 있다. '고인 물은 썩는다. 썩지 않는 방법은 끊임없이 새 물을 받아들이는 것이다'라는 헤겔의 논리에 따르면, 반반이라는 메뉴가 생기는 순간 반반은 정(正), 즉 고인물이 된다. 정(正)이 된 반반은 또 다른 방법을 모색해야 한다. 순살, 치밥, 불닭, 마라, 치떡 등등 새로운 반(反)을 찾아 나서야 하는 것이다. 변증법은 스스로 반성하고 변화하는 성질 그 자체이기 때문이다.

예전에는 '노래를 잘하는 사람'이 가수의 정의였다. 그러다가 노래도 잘하고 춤도 잘 추고 외모도 멋진 '아이돌'이라는 존재가 등장했다. 가수에 대한 새로운 개념이 등장한 것이다. 기존의 가수라는 '정(正)'에 아이돌이라는 '반(反)'의 개념이 충돌해 서로를 고양시켰더니, 노래도 잘하고 춤도 잘 추고 외모도 멋진 가수라는 '합(合)'이 생겨났다.

이후 한국에서는 마치 치킨 분야에서 일어났던 것처럼 음악 분야에서 한국만의 특별한 셀프 혁신이 이어졌다. 패션과 메이크업, 퍼포먼스와 무용, 문학과 미술, 영상과 사진, 커뮤니케이션, IT 등 새로운 개념들을 스스로 잉태하고 융합하는 문화가 등장한 것이다. 케이팝의 이름이 전 세계에 명성을 떨칠 수 있었던 것은 이런 셀프 혁신 덕분이다. 스스로 새 물결에 온몸을 부딪쳐 진화하는 성질이 케이팝의 정체성이자, 독자적인 문화 콘텐츠로 자리 잡을 수 있게 만든 핵심인 것이다.

어느 분야든 처음에 반(反)이 등장하면 차가운 시선을 받게 된다. 기존의 형태로 머무르려는 기득 세력의 관성 때문이다. 때문에 뉴웨이브인 반(反)은 정체되려는 기존의 세력과 갈등의 시기를 겪게 된다. 격렬한 춤을 추면서 노래하는 아이돌이 자리에 가만히 서서 노래 부르는 가수와 똑같은 가창력을 요구받는 것처럼 'Only 가창력'이라는 과거의 정의를 유지하려는 관성과 부딪히는 시기를 통과해야 한다. '합'이 되기 위해선 뉴웨이브(反)의 매력과 에너지가 머무르려는 관성보다 더 커야 한다. 케이팝은 반(反)의 필요성을 스스로 찾아낸 후 정(正)의 관성과 대중을 설득할 만큼 그 매력을 극대화시켜 합(合)을 만드는 프로세스를 반복해 왔다.

케이팝은 노래와 댄스, 외모 외에도 인간적 매력, 드라마, 패션, 순수예술, 메이크업, 서커스, 과학처럼 자발적으로 찾아낸 요소들을 흡수하며, 거대한 에너지와 뼈를 깎는 노력으로 '일신우일신(日新又日新)'이라는 말처럼 날이 갈수록 새로워졌다. 기존의 고정된 룰

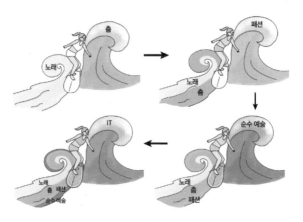

◈ 케이팝 변증법 – 셀프 진화

을 원하는 문화와의 충돌은 성장을 위해 반드시 겪어야만 하는 성장통이었고, 선구자들은 항상 1열에서 기존 문화(正)의 경직성과 부딪히며 케이팝이라는 합(合)을 이끌어 냈다. 이런 과정은 매일 새로운 바닷물과 이전의 바닷물이 만나는 곳에서 휘몰아치는 파도를 찾아 떠나는 서퍼를 떠올리게 한다.

자신의 모순을 직접 발견해 부인하고 진화하는 것이 헤겔의 변증법적 사유다. 모든 높은 단계는 낮은 단계가 지향하는 목표다. 헤겔의 용어에서 높은 단계는 낮은 단계의 목적이자 진리이며 의미다. 낮은 단계에 내재되어 있던 것들은 높은 형식에서 명료해진다.* 낮은

★   프랭크 틸리, 『서양철학사』, 김기찬 옮김, 현대지성사, 1998, 598쪽.

단계가 가진 부족함과 모순은 높은 단계로 향하는 '티저' 같은 것이다.

"저는 제가 그렇게 잘생겼다고 생각하진 않습니다. 저보다 잘생긴 분들이 많잖아요." 미남의 대명사로 불리는 배우가 TV에 나와 이런 공감 안 가는 발언을 하는 경우가 있다. 이렇게 스스로를 늘 부족하다고 생각하는 변증법적 사고는 발전의 원동력이다. 현재의 부정은 더 나은 미래를 향한다.

낮은 단계는 높은 단계에서 부정되고 다른 형식으로 보존되며 지양되었다. 이 모든 관념을 헤겔은 '아우프헤벤(aufheben, 지양)'이라는 독일어로 표현했다. 아우프헤벤은 헤겔 변증법에서 중요 개념의 하나로, 몇 가지 의미를 가지고 있다. 첫 번째로 '제거한다'는 의미를 가지며 두 번째로 '보존한다'는 뜻을, 세 번째로 '들어 올린다'는 뜻을 가진다. 이 과정은 단순 소멸이 아니라 더 높은 차원의 통일에서 생생하게 보존하며 더 높은 단계로 올라선다는 것을 뜻한다.* 아우프헤벤을 위해 모든 사물이 대립 상태로 들어가는 과정을 헤겔은 변증법적 과정이라고 불렀다. 헤겔은 부딪힘, 모순이 모든 생명과 운동의 뿌리이자 세계를 지배하는 힘이라고 본 것이다.

헤겔은 자신의 책 『정신현상학』(김은주 옮김, 풀빛, 2018)에서도

---

* 한스 요하임 슈퇴리히, 『세계 철학사』, 박민수 옮김, 자음과모음, 2008, 699쪽.

"진리는 전체다. 그러나 전체는 단지 그 전개 과정을 통해 완성되는 본질이다. 절대적인 것에 대해서는 그것이 본질적으로 결과라는 점, 그것은 결말에서야 그 진정한 상태라는 것을 말할 수 있다"[*]라고 변증법적 본질을 설명했다. 이 말은 진리를 추구하기 위한 과정이 진리의 본질이라는 것이다. 우리가 흔히 '실패했지만 결과보단 네가 도전했고 노력했다는 과정이 중요하잖아'라고 불합격하거나 도전에 실패한 사람에게 말하는데, 그 말은 달래기 위한 위로가 아니라 팩트다. 과정이 핵심이다. 변증법에서는 결과가 아니라 절대적인 완성을 위해 나아가는 과정이 진리의 본질이다.

우리는 늘 다른 무엇이 되려는 충동을 갖고 있다. 자신과 모순되고 자신을 초월하려고 한다. 모순 없이는 생명, 운동, 성장, 발전이 있지 않을 것이다.[**] 목표를 세워 도전하고 부딪히며 이를 통해 어제의 나에 머무름을 지양하는 과정이 변증법이다. 늘 새로운 파도를 찾아 나를 섞으러 떠나는 케이팝처럼.

[*]  테오도르 W.아도르노, 『변증법 입문』, 홍승용 옮김, 세창출판사, 2015, 43쪽.
[**] 같은 책, 599쪽.

# 덕후는 왜 무시당할까?

feat. 카를 마르크스 - 사용가치와 교환가치

'안여돼'라는 말이 있다. '안경 쓰고 여드름 난 돼지'의 머리글자를 따온 말로, 사람들이 덕후의 외모를 획일화해 비하할 때 쓰이곤 한다. 덕후에 대한 편견을 엿볼 수 있는 단어다. 외모 편견뿐 아니라 덕후의 멘털에 대한 부정적인 인식도 포함되어 있다. 현실과 가상을 구분하지 못하고 가상에 과도하게 몰입한다는 편견이다.

그 밖에도 덕후는 이성적 판단력이 또렷하지 못하다는 편견이 있는데, 이 말은 돈이 안 되는 일(교환가치가 없는 일)에 몰두한다는 뜻이다. 교환가치가 최우선 가치인 사람이 봤을 때 덕후는, 자본으로 교환 불가능한 가치를 생산하기 위해서 시간이라는 자신의 귀한 자본을 쓰는 듯 보인다. 이런 편견 때문에 평소에 성실히 생활하며 덕질하는 사람도 덕후라는 것이 알려지는 순간 묘한 폄하의 시선을 받게 된다.

네덜란드의 철학자 스피노자는 인간이란 본성상 이성적 존재라고 했다. 이성의 지도에 따라 자신의 이익을 획득하려 애쓰는 것이 인간의 본질이라는 것이다.* 여기서 말하는 이익은 주로 돈을 뜻한다. 덕후는 자신의 돈과 시간을 투자하여 덕질을 한다. 밤새워 콘서트장 앞에 대기하기도 하고 일반인이 보기엔 고작 사진일 뿐인 포토카드에 고가의 돈을 지불하기도 한다. 덕후가 아닌 사람들이 보기에 덕후는 가치 없어 보이는 일에 돈과 시간을 쓰는 일처럼 보이는데, 이런 이유로 덕후는 비이성적이라는 편견이 덧씌워진다.

1600년대에는 마녀사냥이라는 현상이 실제로 존재했다. 인터넷상에서의 댓글 공격이 아니라 실제 사람을 마녀로 몰아 불태워 죽인 것이다. 신이 진리였던 시대에 종교 권력을 강화하고 유지하기 위한 수단으로 다수의 사람이 소수의 사람을 '마녀'라는 희생양으로 만들었던 것이다. 그야말로 집단 광기의 시대였다. 마녀사냥은 신권을 강화하기 위해 만들어 낸 쇼였다.

21세기인 지금, 사람들이 섬기는 것은 종교가 아닌 돈이 되었다.

★  한스 요하임 슈퇴리히, 앞의 책, 500쪽.

돈과 돈에서 나오는 가치가 묵시적 삶의 목표이자 추구해야 할 진리이다. 게다가 오늘날은 각자 더 많은 자본을 갖기 위해 움직이는 자본주의 시대이기도 하다. 이런 금전만능의 시대에 덕후처럼 돈이 안 되는 것을 좇는 사람은 마녀사냥까지는 아니지만, 사람들로부터 다음과 같은 이야기를 들으며 편견사냥을 당하곤 한다. "왜 반짝이고 힘센 것을 좇지 않아?" "왜 돈도 안 되는 행동을 하는 거야?"

세상을 지배하는 권력이 종교에서 자본으로 이동했다는 생각을 해낸 최초의 사람은 카를 마르크스(Karl Marx, 1818~1883)였다. 마르크스는 자신의 저서『자본론』에서 모든 상품은 사용가치와 교환가치를 가진다고 했다.

사용가치는 상품이 갖는 쓸모이자 유용성이다. 커피를 마시지 않는 사람에게 커피상품권은 사용가치가 없다. 대신 다른 상품과 교환할 수 있는 교환가치를 갖는다. 교환가치는 다른 상품과 교환

| 헌 책 3권 | = | 식빵 1줄 | = | 아메리카노 1잔 |

◈ 교환가치

될 수 있는 가치를 말한다. 실제로 최근 많은 사람이 이용하는 '당근마켓'에는 "중고 그림책 5권＝식빵 한 봉 or 아메리카노 한 잔 교환 원해요" 등의 식빵을 화폐처럼 사용하는 아기 엄마들의 귀여운 글이 종종 올라오곤 한다. 이런 현상에 대해 마르크스는 이미 자신의 저서에서 "상품의 가치를 측정하기 위해 화폐가 등장했다"라고 설명했다.

화폐는 그 자체로 가치 있는 보물이 아니라 상품의 가치를 측정하는 '자(Scale)'다. 일반적으로 식빵값이 2~3천 원, 보급형 커피 체인점의 아메리카노가 2~3천 원인 것을 생각해 보면, 당근마켓에서는 화폐 없이도 상품의 교환가치가 똑똑하게 측정되어 작동하는 중이다.

덕후 사이에서도 '레어템 포토카드 1장＝일반 포토카드 3장' 같은 식으로 각자 합의한 선에서 교환가치가 성립된다. 그러나 '포토카드'는 덕후 사이에서만 교환가치가 성립될 뿐, 범사회적 교환가치는 갖지 못한다. 즉, 일반인에게 덕질 물품은 가치도 없고 돈도 안 되는 물건인 것이다. 이런 점 역시 덕후에 대한 폄하의 시선에 기여한다.

자본주의 사회에서 모든 상품은 화폐를 통해 교환된다. 때문에 사람들은 화폐만 있으면 모든 것을 살 수 있다는 믿음을 공유하고

◈ 자본론 - 잉여가치의 축적

있다. 또한 화폐는 강력한 힘을 가진 신비한 존재로 여겨진다.* 상품의 교환가치를 측정하기 위해 태어난 화폐는 차츰 사람들의 갈망의 대상이 되었다. 이제 사람들은 다른 상품을 사기 위해서가 아니라 축적하기 위해 화폐를 욕망한다. 이런 분위기 속에서 사용가치는 적지만 교환가치가 큰 상품인 '명품' 같은 것도 등장했다.

마르크스는 『자본론』에서 인간의 노동으로 생산하는 가치가 자본이 되고, 노동자의 과노동으로 생긴 자본이 자본가에게 쌓이면서, 축적된 자본만큼 자본가가 권력을 갖게 된다고 했다. 노동자의 과노동이 반복될수록 자본가는 자본을 더욱 축적하고 노동자는 더 착취당하기 때문에 돈으로 만들어진 계급의 차이는 점점 벌어진다. 이것을 자본주의적 축적의 일반 법칙이라고 한다.** 노동자의 잉여노동이 자본가의 자본 축적을 낳는다는 것이다.

노동자의 잉여노동은 잉여가치다. 예를 들어 내가 180만큼 일하고 100만큼의 대가를 받았을 때 남은 80은 자본가의 주머니로 들어가 쌓인다. 노동자가 더 많이 일할수록 자본가가 더 큰 부를 얻게 되는 것이 자본주의 축적의 법칙이다. 마르크스주의 인류학자로 불리는 모리스 고들리에는 이런 잉여노동을 가리켜 '지불되지 않

---

* 카를 마르크스, 『자본론, 자본의 감추어진 진실 혹은 거짓』, 손철성 엮고 옮김, 풀빛, 2012, 19쪽.
** 철학아카데미, 『처음 읽는 독일 현대철학』, 동녘, 2013, 32쪽.

은 노동'이라고 불렀다. 지불되지 않은 노동이 자본가의 계급 상승을 만들어 준다는 것이다. 이것이 『자본론』에서 유명한 잉여가치 개념이다.

그런데 이 '지불되지 않은 노동'의 잉여가치는 덕질 문화에서도 나타난다. 지하철역 전면 광고판이나 거대한 LCD 화면 속 스타의 생일 축하 광고를 쉽게 볼 수 있다. 이런 생일 축하 광고는 팬들의 모금이나 네임드 팬(많은 수의 팔로워를 가진 유명한 팬을 일컫는 말)을 통해 이루어진 금전적 기부다. 각종 기관에서 실시하는 인기 투표나 시상식에서 인기상을 받도록 무한 투표에 참여하는 '지불되지 않은 노동' 기부도 있다. 팬들은 금전 기부, 노동 기부를 통해 덕질 대상의 잉여가치와 계급 상승을 만들어 낸다. 물론 엔터테인먼트 회사라는 자본가에겐 잉여가치 창출을 위해 무료로 착취 가능한 노동자로 보일 수도 있다.

자본론적 관점에서 덕후의 노동은 '지불되지 않은 노동'이지만 덕후의 관점에선 '행복으로 지불받은 노동'이다. 덕후는 굿즈 같은 상품을 구매할 때 지불한 값보다 받은 행복이 더 크다고 생각한다. 그래서 덕질 대상에게서 과지불받은 행복을 돌려주기 위해 노동과 재능을 기부한다. 이런 덕후의 행동은 덕질 대상에게 받은 행복에 대한 자연스러운 피드백이지만, 덕후가 아닌 사람에겐 돈을 좇지

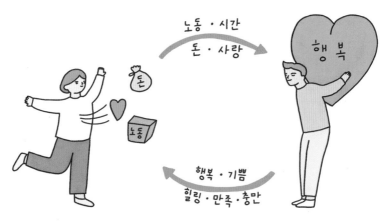

◈ 덕후의 잉여가치에 대한 순환

않고 기부하는 모습이 비합리적으로 보일 뿐이다.

다시 마르크스로 돌아가 보자. 마르크스는 인간이 자유롭게 생각하고 있는 것처럼 보이지만 실제로는 계급적으로 생각한다는 것을 간파했다.[*] 21세기의 계급은 돈이다. 자본의 축적 정도가 곧 계급이다. 자신의 이익 추구라 함은 곧 자본의 축적을 말한다. 그런데 계급적 사고, 즉 자신의 이익을 추구해 자본을 축적하지 않고 자신의 이익을 희생해 다른 대상의 계급 상승에 이바지하는 덕후의 행동이 계급적 관점의 사고에서는 이해하기 어려워서 무시당하게 되었다.

* 우치다 타츠루, 『푸코, 바르트, 레비스트로스, 라캉 쉽게 읽기』, 이경덕 옮김, 갈라파고스, 2010, 37쪽.

이것은 화폐라는 양적 가치 기준에 따른 평가이다. 지금은 화폐나 상품이 양적 가치 이외에도 질적 가치나 주관적 만족감 같은 효용가치 등 평가 기준이 다양화된 시대다. 질적 가치나 주관적 만족감을 취향이라고도 한다.

골프클럽 회원권과 팬클럽 회원권은 양적 가치인 가격에서 큰 차이가 나지만, 질적 가치는 같거나 오히려 팬클럽 회원권의 가치가 더 클 수도 있다. 행복이나 만족감은 개인의 자(Scale)로 측정되기 때문이다. 개인의 쓸모는 사용가치가 된다. 이런 면에서 덕질은 범사회적 교환가치는 없어도 사용가치인 행복지수는 다른 것들과 비교할 수 없을 만큼 높다.

한우 꽃등심보다 삼겹살을 더 좋아하는 사람이 삼겹살을 통해 느끼는 맛의 쾌감에 대해 교환가치를 잣대로 평가할 수는 없다. 개인적으로는 세 마리에 천 원밖에 안 하는 꽁치가 생선구이의 정점이라고 생각하는데, 세계인들이 삼겹살과 꽁치를 좋아하게 되어서 교환가치가 올라가지 않기를 바라 본다.

## 덕질이 하위문화라고요?

feat. 레이먼드 윌리엄스 - 감정의 구조

요즘 핫한 유튜브 채널 중에 70대 할아버지가 롤(LOL, 게임 〈리그 오브 레전드〉의 약칭)과 애니메이션 〈원피스〉〈나루토〉 이야기를 하는 등 청년 문화를 마니아급으로 즐기면서 주변 반응을 관찰하는 '삐상구'라는 채널이 있다. 세대 차이를 극복하는 기발한 콘텐츠로 많은 인기를 얻고 있다.

"넌 뭐 잘했어? 정글 야스오를 해? 으응, 야필패('야스오가 나오면 필수적으로 진다'는 말을 일컬음)는 과학이죠!" 동영상 속 할아버지는 피시방에서 손자와 같이 게임을 하며 이런 대사를 날린다. 주변에서 게임을 하던 청년들은 할아버지의 말에 웃음이 터져 게임에 집중하지 못할 정도다.

자료 = 삐상구 유튜브

◈ 삐상구 유튜브 영상 캡처

"이게 뭐 하는 짓이야? 다들 롤 하다가 가족끼리 싸움만 하고. 다시는 롤 하지 마, 배그(배틀그라운드) 하자!" 게임을 하던 할아버지는 손자와 싸움이라도 날 듯 분위기가 험악해지자, 다른 게임을 하자며 훈훈하게 마무리한다.

또 다른 에피소드에서 할아버지는 애니메이션 〈원피스〉의 등장인물 에이스가 죽었다는 소식을 할머니에게 전해 듣고, 거짓말이라며 만화 속 인물의 죽음에 흐느끼기도 한다. 할머니와 할아버지의 이야기를 엿듣던 주변 청년들은 숨죽여 웃느라 일을 할 수가 없다.

이 채널의 웃음 코드는 세대별, 계급별로 단절되어 있는 문화 장벽을 깨뜨리는 데서 온다. 〈원피스〉 〈나루토〉 〈블리치〉 등의 일본 애니메이션이나 롤, 배그 등의 게임은 주로 10~30대가 즐기는 청년 문화라는 인식이 있기 때문에, 70대 할아버지가 문화의 세대 단절을 깨는 말과 행동을 한다는 점이 신선하고 재미있게 다가오는 것이다. 예상되는 문화 선호를 깨버리는 데서 오는 쾌감이 있다.

예전에는 나이, 소득 수준, 교육 수준, 출신 계급, 권력 등에 따라 즐기는 문화가 달랐다. 지금은 그에 상관 없이 70대에도 〈배틀그라운드〉를 하고, 10대도 트로트를 즐기는 시대가 되었지만 그럼에도 불구하고 아직 공동체별, 계급별 문화가 남아 있다. 그리고 이런 경계는 생각보다 더 오랜 역사를 가지고 있다.

1600년대 중세 이전에는 계급에 따라 즐기는 문화가 달랐다. 귀족과 평민의 문화는 구분돼 있었다. 출신 계급에 따라 입는 것, 먹는 것, 사는 곳이 달랐고 심지어 사용하는 말도 달랐다. 그러다 1800년대 산업혁명 이후엔 소득 수준, 생산 수단의 소유 여부 등에 따라 계급이 정해지기 시작했다.

독일의 철학자이자 경제학자였던 마르크스는 계급을 구분할 때 '자본가'와 '노동자'로 나누었다. 그런데 산업혁명으로 사회, 경제 등이 크게 변화하면서 '중산층'이라는 다수를 차지하는 중간 계층이 나타났고, 중산층의 문화인 '대중문화'가 폭넓게 확산되었다.

시인, 문학평론가이자 당시 옥스퍼드 대학 교수였던 매슈 아널드는 중산층의 대중문화를 '필리스티니즘(philistinism)'이라고 부르며 비판적으로 바라보았다. 노동자의 문화와 필리스티니즘은 제거해야 될 대상이라고 말했고 심지어 교육과 인문학적 교양으로 다

저진 '부르주아 문화'를 부흥시켜 대중문화를 제거해야 한다고 주장했다.

여기서 필리스티니즘은 심미적으로는 조야하고 인지구조에서는 반지성주의와 단선적 사고를 뜻한다.* 매슈 아널드는 대중문화를, 천하고 지적이지 못하고 단순해서 영혼과 교양을 좀먹는 문화로 본 것이다. 이후 아널드의 뒤를 이어, 영국의 문학비평가인 리비스도 대량, 대중문화의 확산을 막아 대중의 교양 수준을 유지해야 한다고 했다.

매슈 아널드처럼 사회가 소수의 집단인 엘리트를 중심으로 나아가야 한다는 학계의 '엘리트주의' 문화에 대한 지지에도 불구하고, 1900년대 초부터 대중문화와 상업문화는 급속도로 예술의 영역으로 편입되기 시작한다.

예를 들어, 판매용 제품인 변기를 가져다 '샘'이라고 이름 붙인 마르셀 뒤샹으로 대표되는 다다이즘, 기존 관습과 제도에 얽매이기 싫어하는 아방가르드, 기존의 고정관념을 벗어나 개성을 중시한 포스트모더니즘 등. 엘리트 문화의 기준을 깨뜨리는 미술 사조(흐름)가 등장했다. 영화, TV, 라디오의 보급 이후에는 거대 소비자

---

\* 오형국, 『매튜 아놀드와 19C 영국 비국교도의 교양문제』, 독타피에타스, 2020, 18쪽.

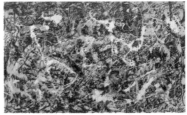

◈ 앤디 워홀 <캠벨 수프 캔>*(1962)　　　◈ 잭슨 폴록 <Convergence>(1952)

로 등장한 대중(중산층)이 즐기는 문화가 중심이 되고 기준이 되기 시작했다.

또 고급문화로 분류되는 순수예술에서도 대중문화의 요소들을 가져오는 현상이 나타났다. 캠벨 수프나 메릴린 먼로처럼 상업·대중문화 이미지를 차용한 앤디 워홀의 작품은 자본주의에서 고급문화의 기준인 높은 가격으로 소더비 경매에서 거래된다.

1970년대 애니메이션과 비디오 게임이 등장하면서 지금의 덕후 문화로 불리는 문화가 태동하기 시작했다. SNS와 네트워크 게임이 등장한 2000년대를 거쳐, 유튜브와 개인 미디어들이 대중 매체를 위협하기 시작한 2010년대에 들어서자 덕후 문화가 대중문화의 최전선에 서기 시작했다. 아직 문화의 오버그라운드(중심)에 서진 못했지만 대중문화의 변방에서 영토를 키우며 그 트렌디함을 무기로 때론 대중 매체나 고급문화에 차출되는 등 관심을 받기도 했다.

다큐멘터리 영상작가이자 저술가인 히토 슈타이얼은 「저해상도 이미지를 위한 변명(In Defense of Poor Image, 2009)」*에서 대중들에 의해 가공되고 재편집되고 업로드와 다운로드를 통해 공유되는 저해상도의 이미지가 영화와 비디오 예술 작품 이후의 시대를 상징한다고 했다. 이 시대에서 사용자는 저해상도의 이미지의 편집자, 비평가, 번역가 및 저자가 된다고 했다.

그가 말한 '저해상도의 이미지(poor image)'란 단순히 낮은 해상도의 이미지를 말하는 것이 아니라 대중에 의해 복사, 공유, 압축, 편집, 재생산, 리핑, 리믹스 같은 가공을 거친 이미지를 말한다. 덕후에게서 생산되는 2차 저작물을 설명하는 단어이기도 하다. 덕후는 고화질의 원본을 생산하기도 하지만 주로 원본을 편집, 가공, 재생산하여 유통하고 감상하는 편집 감상가다.

2019년 10월, 서울시립 북서울미술관에서 열린 '2019 서울사진축제'에서는 일명 '홈마('홈 마스터'의 줄임말로 주로 스타들의 사진과 영

---

★   Hito Steyerl, "In Defense of the Poor Image", *e-flux journal #10*, 2009.11.

상을 찍는다)'로 불리는 팬 사진작가의 작품이 전시되어 관심을 모았다. 저작권 이슈로 인해 원본이라도 팬덤의 2차 창작으로 분류되었던 촬영 활동이 공적 예술 영역에 전시된 사건이었다.

'@blue1027_'이라는 이름으로 참여한 사진작가는 Mnet에서 방영했던 〈프로듀스X 101〉이라는 아이돌 오디션에 참가한 가수 김우석의 응원 광고 사진을 지하철역에 게재한 팬(홈마)이다. 북서울미술관의 전시 주최 측은 지하철역 응원 광고, 온라인 리액션 비디오 업로드 등을 통해 다양한 시각적 패턴을 만들어 가는 팬덤을 동시대 사진의 흐름을 보여 주는 중요한 주체로 평가했다.[*] 과거, 아이돌 문화의 감상자로만 분류되었던 팬이 감상과 창작을 동시에 하는 문화 주체로 인정받은 것이다.

어떤 사람이 아이돌 사진을 찍는 홈마에게 "기자분들보다 사진을 더 잘 찍는 것 같아요"라고 말하자 홈마는 "우리는 애정을 갖고 찍으니까요"라고 대답했다. 이 같은 일화에서처럼 피사체에 대한 애정이 있는 홈 마스터들은 인물 사진에 있어 탁월한 감각과 실력을 가지고 있다. 그것은 좋아하고 원해서 하는 일이기도 하고, 자신이 좋아하는 스타가 어느 순간에 가장 빛나는지 경험으로 알고 있기 때문이다.

---

★ 정아란, 「서울사진축제선 아이돌 지하철 광고도 '작품'이 된다」, 『연합뉴스』, 2019.10.1.

예술가의 작업이 지닌 특별한 본성은 그가 경험을 전달할 때 특수한 방식의 학습된 기술을 사용한다는 것이다. 그가 이 기술에 통달해 있다는 것이 그의 예술이다. 예술의 목적은 '가치 있다'고 여기는 경험을 예술로써 전달하는 데 있다.

덕후는 덕질이라는 특별하게 학습된 기술을 갖고 있다. 덕질의 핵심 활동은 감상의 경험을 공유하는 것이다. 예술의 목적과 같다. 예술의 중심이 창작자에만 있었던 예전과 달리, 최근 그 중심이 감상자에게까지 확대되는 이유도 거기에 있다.


역사적으로 하위문화는 계급이 낮은 자들의 문화를 일컫는 말이었다. 하지만 지금의 하위문화나 서브컬처는 계급적으로 하위인 사람들의 문화가 아니라 문화의 권력적 위치를 말한다. 아직 주류가 되지 못한, 언더그라운드의 문화라는 뜻이다.

한국예술종합학교의 이동연 교수는 "하위문화를 주류문화로부터 주변부화된 것, 지배적인 가치와 윤리로부터 배격당한 것, 동시대의 지배적인 문화적 형태와는 다른 새롭고 이질적인 문화로 폭넓게 이해할 필요가 있다"고 했다.

덕후 문화가 하위문화로 분류되는 것은 문화의 계급이 하위로 탄생한 것이 아니라 아직 주류가 되지 못한 상태이기 때문이다. 어떤 변방의 덕질도 많은 사람의 공감을 얻는다면 메인스트림(주류)

이 될 수 있다.

　오타쿠의 문화로 분류되는 애니메이션과 아이돌이 합쳐진 일본의 보컬로이드 가수 '하쓰네 미쿠'는 아시아태평양방송연합(Asia-Pacific Broadcasting Union)이 주최하는 음악 페스티벌 'ABU 송 페스티벌'에서 일본 대표로 출전까지 했다. 덕후 세계에서 이야기되는 '가장 오타쿠적인 것이 가장 세계적인 것이다'라는 의미까지는 아니어도 하위문화로 분류되기엔 과도한 인정을 받은 사례다. 대중성, 다수(Majority)의 동의를 얻어 파괴적 구매력까지 갖춘 판이 되면 더 이상 하위문화에 머무를 수 없다.

　'덕후 문화는 하위문화인가?'라는 질문에 대해, 덕후 문화는 생명체처럼 태어나고 변화하기 때문에 고정된 지위의 하위문화란 없다고 답할 수 있다. 유튜브 천만 구독자를 확보하면 구체관절인형도 주류문화가 될 수 있다. 대중성을 좌우하는 미디어의 중심이 유튜브로 많이 옮겨진 지금의 환경에서는 문화의 위세가 더욱 변동적이다.

　고급문화에 가려져 있던 대중문화의 가치를 탐구하고 정의해온 문화비평가이자 소설가 레이먼드 윌리엄스(Raymond Williams, 1921~1988)는 민주주의 혁명과 산업혁명을 이을 제3차 혁명으로 문화혁명을 들었다. 그의 말에 따르면 문화혁명은 관습과 사상의 압력에 의해 다양하게 저지되지만 오랜 기간에 걸쳐 지속적으로 확장되어 인간과 제도를 변형하는 혁명이다. 그리고 문화혁명을 달성하게 하는 것은 '감정의 구조(the structure of feeling)'라고 했다. 감정의 구조란 같은 시대를 살아가는 구성원들의 집단적 경험과 가치 및 정서의 총합을 일컫는다.

쉽게 이야기하면, 닭갈비를 먹고 나서 철판에 밥을 볶아 먹으니 맛있었다는 경험이 여러 사람에게 확산되면서 '닭갈비 먹고 볶음밥 먹기'가 국룰(일반 상식)이 되는 것이다. 이런 현상은 공유되는 '감정의 구조'가 만들어 내는 일이다.

인터넷, 광네트워크의 출현, SNS와 유튜브 같은 개인 미디어의 등장은 덕후 문화처럼 하위문화로 분류되던 문화가 주류문화로 상승할 수 있는 가능성을 열었다. 감상을 기반으로 창조하는 덕후 문화가 앞으로의 문화혁명을 이끌 수 있다고 보는 점은 '감정의 구조'를 공유하는 것이 덕질의 핵심 활동이기 때문이다.

각종 콘텐츠에 대한 사람들의 반응을 담은 '리액션 비디오' 같은 감상 장르가 콘텐츠 장르가 됨으로써 원본은 리액션 비디오의 정치적 영향권에 놓이게 되고 눈치를 보게 된다. 이것은 대중의 감상평이 힘을 갖게 되어 문화의 지배자가 되는 혁명적인 현상이다. 대중은 감상을 공유하는 영상 예술의 문화로 만들어 냈다. 이렇듯 대중 사이에서 공유되어 커진 '감정의 구조'가 힘을 갖게 되면 문화를 바꾸는 혁명이 될 수 있다는 것이 레이먼드 윌리엄스가 말한 '문화 혁명'이다.

1800년대 영국 귀족은 기차를 탈 때마다 하위문화로 취급하던 통속 소설을 읽었는데, 이것은 귀족 기차 여행의 루틴이었다. 하위문화로 취급받았으나 재미있는 사건의 전개와 흥미에 중점을 둔 통속 소설은 귀족의 지루한 기차 여행의 오아시스, 요즘으로 말하면 스마트폰 같은 것이었다. 통속 소설을 포함한 다양한 하위문화는 일상의 작은 틈을 비집고 들어가 귀족문화의 벽을 무너뜨리며 확산되었다. 이것은 일종의 문화혁명이었다.

SNS와 개인 미디어로 연결된 지금의 시대에는 1인의 문화에서 시작했을지라도 공감대라는 '감정의 구조'를 얻는다면 누구나 문화혁명의 시발점이 될 수 있다. 굳이 덕후 문화가 아니라도 정말 좋아서 하는 일은 시대의 공감을 얻곤 한다. 좋아서 하는 일에는 진심의 힘이 있기 때문이다.

많은 것을 좋아하는 것은 멋진 일이다. 무엇인가를 좋아하는 일에는 힘이 있기 때문이다.

누구든지 무엇인가를 정말 좋아하는 사람은 많이 하고, 많은 것을 성취하고, 좋아해서 하는 것은 잘된다.

－빈센트 반 고흐

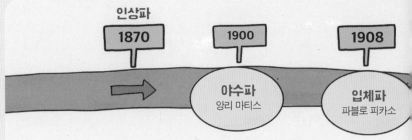

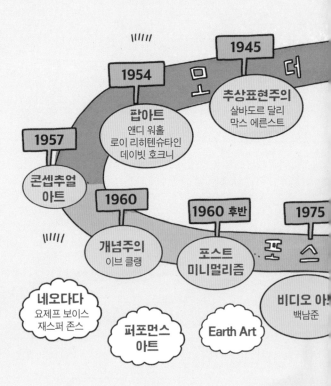

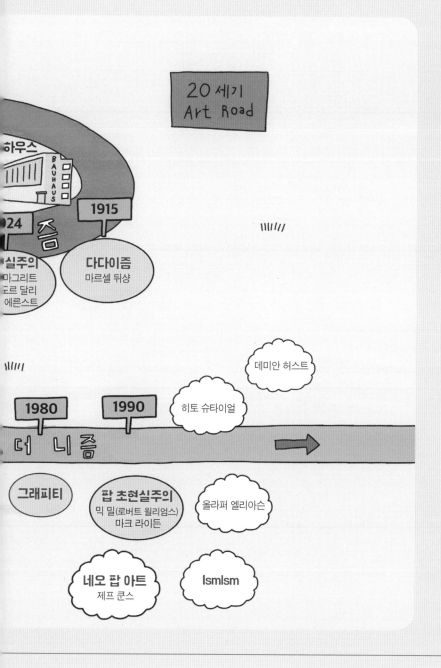

# 무의식의 서술이 예술이 되다

feat. 앙드레 브르통 - 초현실주의

사람들은 꿈에서도 짝사랑하는 사람과 이뤄지지 못하고 짝사랑만 하는 현실 그대로를 꿈꾸는 경우가 많다고 한다. 꿈은 나의 무의식이 쓰는 시나리오이기 때문에 현실을 거울처럼 비춰 낸다. 하지만 평소보다 친밀한 대화를 나누는 등의 사소한 상호 작용 정도는 꿈이 실현해 주는데, 이것은 소망도 무의식의 일부이기 때문이다. 만약 우주를 아주 좋아해서 우주에 가는 상상을 많이 하는 사람이 있다면, 그 사람은 꿈을 통해 언젠가 반드시 우주에 갈 수 있을 것이다.

초현실주의파의 창시자이자 시인인 앙드레 브르통(André Breton, 1896~1966)은 1916년 제1차 세계대전 전쟁터에 있는 병원 신경정

◈ 현실을 초현실로 착각한 군인

신과에서 조수로 일하고 있었다. 거기서 전쟁이 가짜라고 믿는 한 군인을 치료했다. 그는 부상자들이 분장을 한 연기자들이고, 시체도 어디선가 빌려 온 소품이라 믿었다.

이 군인은 전쟁의 충격으로 초현실 속으로 들어가 버린 것이었다. 고통스러운 신음 소리와 사람들의 피가 낭자한 눈앞의 현실을 견딜 수 없어서, 내가 보고 있는 모든 것이 꾸며 낸 것이며 자신은 가짜 세트장에 와 있다고 믿게 된 것이다. 이때 브르통은 군인이 믿는 가짜 현실이 진짜 현실을 비판하는 것처럼 느껴졌다. 즉, '현실이 이렇게 잔인할 리 없잖아'라는 현실 비판을 하고 있다는 것이다. 브르통은 이 경험에서 모티브를 얻어 초현실주의 시와 회화 사조를 창시하게 된다. 브르통은 현실과 상상은 단절되어 있지 않고 연결되어 있다고 보았고, 둘 사이를 잇는 연결고리가 되는 것이 바로 시와 예술이라고 생각했다. 군인의 망상이 비극적인 소설이나 영화, 시처럼 느껴졌기 때문이다.

군인은 현실의 참혹함을 견딜 수 없어 초현실로 들어갔지만, 초현실주의 예술은 무의식의 예술이 이성의 예술보다 더 근본이 된다고 생각했다. 그래서 상상력을 중시하는 무의식의 예술을 통해 이성 위주의 사회가 만들어 낸 폐쇄적이고 고정적인 사회를 흔들려는 의지를 담고 있었다.

초현실주의 시와 회화는 학습된 기술이나 고정관념, 이성의 통제를 벗어나 무의식의 상태에서 생각이 흐르는 대로, 손이 시키는 대로 그리거나 쓰는 것이 특징이다. 이것을 '말해진 생각(spoken thought)'이라고도 하는데, 의식의 검열이나 통제 없이 무의식에 따라 말하고 그리는 대로 창조하는 것이다. 예를 들어 누군가 SNS에 '아, 배고픈데 치킨 시킬까? 중국 음식도 먹고 싶은데. 내가 지금 치킨 먹고 싶은 게 며칠째더라? 새해가 된 지도 벌써 80일이나 지났네. 피자는 화덕피자가 맛있는데. 다음에 홍대 가면 포장해 와야지.

일단 치킨 시켜야겠다'라고 적었다면 이것도 무의식의 흐름 기술이라고 할 수 있다. 이 글을 쓴 사람은 말 그대로 이성의 통제 없이 무의식의 흐름대로 기술한 것이다. 이는 초현실주의에서 대표적으로 사용하는 표현 방식으로, 자동으로 쓰고 그린다는 뜻으로 '오토마티즘'이라고 한다.

◆ 조르조 데 키리코
<거리의 신비와 우울>(1914)

'오토마티즘'은 무의식의 세계를 의식하지 않고 의도 없이 대할 때 거기서 솟구쳐 오르는 이미지의 분류를 그대로 기록하는 방법이다. 덕후는 감동을 기술하거나 2차 창작을 할 때 이런 무의식적 흐름의 기술인 오토마티즘을 즐겨 사용한다. 2차 감상자도 마치 감상자가 직접 감상하는 것처럼 실감 나는 감상의 타임라인을 남길 수 있기 때문이다. 초현실주의에서는 논리적이거나 과학적으로 말이 되는 것보다 상상과 현실이 연결되는 듯한 감각을 생생하게 전달하는 것이 더 중요하다.


위의 그림은 초현실주의의 선구자라 불렸던 화가 조르조 데 키리코의 대표작 <거리의 신비와 우울(Mystery and Melancholy of a

Street)>이다. 이 그림은 비현실적인 초록색 하늘, 원근 비례를 무시한 오른쪽 건물, 모순된 두 개의 소실점, 벽을 향해 돌진하는 소녀가 논리성을 파괴하며 몽환적 신비감을 몰고 온다. 이 그림은 평소 키리코가 주장했던 형이상학적 색채를 띠고 있다. 그의 주장에 따르면 그의 그림은 어떤 논리적 의미를 전달하지 않는다. 대신에 불안, 적막, 신비감 같은 느낌을 전달한다. 소리 없는 고요가 느껴지는 듯한 아무도 없는 거리에서 벽을 향해 달리는 소녀를 보며 미지의 차원이 열릴 것 같은 신비한 기대감을 갖게 된다.

이처럼 상상력을 자극하는 열린 서사의 느낌은 이성적 스토리 전개보다 더 강렬하게 사람들을 사로잡는다. 오토마티즘, 무의식의 기술 같은 초현실주의 기법은 논리적 결말이 없기 때문에 여러 가지 결말에 대한 기대감을 줌으로써 감상자의 상상력을 극대화시킨다.

키리코는 니체의 철학 사상에 영향을 받은 작가로 알려져 있다. 특히 여러 가지로 은유할 수 있는 '열린 해석'에 영향을 많이 받았다. 그는 자신의 작품을 통해 사물의 본성을 유추하는 것에서 벗어나 보다 다양한 해석의 관점을 만들어 내려고 했다. 수십 가지의 이야기가 압축된 은유성이 그의 그림의 원형(archetype)인 셈이었다.

'오토마티즘' 외에도 르네 마그리트, 이브 탕기 등 초현실주의 화

◈ 르네 마그리트 <골콩드> (1953)* ◈ 2000년대 인기를 끌었던 개죽이 짤

가들이 즐겨 사용하던 기법으로는 '데페이즈망(dépaysement)'이 있다. 일명 '낯설게 하기' 기법이다. 과학적으로 나타날 수 없는 곳에서 나타나는 물질, 존재하지 않아야 할 곳에 존재하는 생명 같은 것들을 표현하는 것이 데페이즈망이다.

르네 마그리트의 1960년도 작품 <심금(La corde sensible)>에서 보이는 초원 위의 거대한 컵, 초현실주의 작품인 듯 빌딩 숲 사이에 거인처럼 등장한 강아지, 애니메이션 영화 <하울의 움직이는 성>(2004)에 등장하는 하늘을 둥둥 떠다니는 건축물 같은 것도 데페이즈망이라고 할 수 있다.

위의 그림은 르네 마그리트의 <골콩드(Golconde)>와 '개죽이' 연작이다. 데페이즈망 기법을 사용한 개죽이 짤은 2000년대 초 온라인에서 크게 유행했다. 덕후들이 데페이즈망이라는 표현을 쓰지는 않지만, 데페이즈망식 합성은 덕후 사이에서 매우 흔한 기법이다. 의리로 유명해진 배우 김보성의 또 다른 짤 중에서는 르네 마그리트의 <골콩드>처럼 상황에 맞지 않는 장소—수험장, 겨울왕국의 성, 초원 같은 곳—에 김보성이 수십 명 있는 것 같은 이미지도 있는데, 이것 역시 데페이즈망 기법을 이용한 짤방이다.

그 밖에 초현실주의 미술의 대표적 기법인 데칼코마니, 콜라주도 덕질 세계에서 흔히 사용되는 기법이다. 스타와 똑같이 생긴 강아지와 고양이 짤을 가져와 비교하는 데칼코마니, 좋아하는 스타를 다이어리 꾸미기식으로 콜라주하고 원하는 장소에 합성하는 등의 일은 덕후의 흔한 창작법이다.

초현실주의 기법은 규칙에서 벗어난 세상을 보여 주어 감상의 충격과 신선함을 준다. 또 초현실주의 기법은 상상과 무의식을 기반으로 하기에 감상하는 사람의 마음대로 다양한 해석과 상상을 할 수 있게 해 준다.


흔히 오타쿠적 감성을 설명할 때 '오타쿠는 벅차오른다'는 표현을 쓰곤 하는데 '벅차오른다'는 감정은 학습된 관성이다. 어린 시절에 봤던 애니메이션 오프닝 OST를 들을 때 느껴지는 벅차오름은

'오늘은 또 어떤 이야기가 펼쳐질까'를 상상하는 기대감에서 오는 감정인데, 이 같은 상상은 학습된 관성이다.

내가 좋아하는 애니메이션의 OST와 비슷한 노래를 들으면, 무의식이 기대감과 설렘을 자동으로 호출한다. DAY6(데이식스)의 <한 페이지가 될 수 있게> 혹은 세븐틴의 <지금 널 찾아가고 있어> 같은 노래를 들어 보면 애니메이션 OST가 가진 무의식의 자동 연상 및 자동 기술 효과에 대한 느낌을 알 수 있다.

드림웍스, 디즈니, 픽사의 오프닝이나 20세기 폭스사의 영화 오프닝 이미지, 음악 같은 것도 비슷한 맥락이다. 이런 이미지를 보고 배경 음악을 들으면 예상 가능한 즐거움이 찾아올 것이라는 기대가 몰려온다. 마치 검색창에 연관 검색어가 자동으로 떠오르는 것처럼 무의식에서 호출되는 것이다.

오토마티즘에 영향을 받은 추상표현주의의 대표 화가 잭슨 폴록은 정신병원에 입원해서 정신의학자 융에게 심리치료를 받다가, 자신의 무의식을 표현하게 되면서부터 본격적으로 자신의 예술 세계를 화폭에 담게 되었다. 그리고 무의식이 그려 낸, 결과를 예상할 수 없는 그의 예술에 사람들은 열광했다.

"앙드레 브르통은 미국의 초현실주의 화가 이브 탕기의 회화에 대해 예술적 상상력의 전개 능력은 우주의 다양한 현상들과 은밀한 관계를 맺고 있다고 지적한다. 이 은밀함이 상상력으로 하여금 우주에 대응하고 현상들을 변화시키는 능력을 갖게 만든다. 여기서 상상력은 인간 미래의 해방 도구가 되고 세계와 물질 변화의 동인(動因), 변화의 직접적인 원인이 된다."**

초현실주의 예술은 무의식을 예술화했고, 사람들은 그 예술을 보고 펼쳐진 자신의 상상력을 감상했다. 상상해본 일은 일어날 수 있다. 일단 한번 '상상'했다면 머릿속에 틀(mold)이 새겨진 것이기 때문에 언젠가 '액션'을 붓기만 하면 된다. 상상은 가능성을 넓혀주는 계획이자 가설이다. 초현실주의 예술은 감상자에게 감춰진 이야기를 상상하고 설레며 써 나가게 한다.

현실보다 더 선명한 꿈
그 속의 너와 나
설명할 수가 없어 이 느낌
……
Surreal
현실과 꿈의 경계를 넘나들어

---

* 박기현, 『프랑스 문화와 상상력』, 살림출판사, 2004, 40쪽.

......

나를 좀 더 높은 곳으로 데려가

이제 나는 예전으로 돌아갈 수 없어

내 상상력이 우스워질 만큼

그렇게 넌 아름다워


— AB6IX <초현실>에서

## 푼크툼과 덕통사고

feat. 롤랑 바르트 - 푼크툼

사진에 대해 깊은 이해를 가진 사상가이자 철학자 롤랑 바르트(Roland Barthes, 1915~1980)는 어떤 사진에 꽂히는 사건을 '푼크툼(punctum)'이라고 명명했다. 라틴어인 '푼크툼'은 뾰족한 도구에 의해 난 상처를 가리킨다. 말하자면, 화살의 날카로운 촉이 어떤 부위를 콕 하고 찔러서 난 흉터나 통증 같은 것이다.

> 나의 의식이 그것(푼크툼)을 찾으러 나선 것이 아니라 사진 속에 있는 그 요소가 마치 화살처럼 출발해 나를 관통한다.*

* 박상우, 『롤랑 바르트, 밝은 방』, 커뮤니케이션북스, 2018, 21쪽.

◈ 푼크툼 - 어떤 사진이나 이미지에 꽂혀 매료되는 사건

사진뿐만 아니라 어떤 예술을 만났을 때, 머리를 둔기로 한 대 맞은 것처럼 강한 통증을 느끼며 한순간에 매료되는 것도 푼크툼이라고 한다. 예술 작품을 보고 매료될 때 느껴지는 이 특별한 통증은 흉터로 남을 만큼 강렬하다.

흔히 덕질을 시작하게 된 사건을 가리켜 '덕통사고'라고 한다. 왜 사고라고 부르는 것일까? 큰 트럭이 갑자기 나타나서 나를 치고 간 것처럼 순식간에 입덕(어떤 분야에 푹 빠져 마니아가 되기 시작했다는 뜻)하게 되기 때문이다. 그래서 덕후들은 이를 두고 '치인다'고도 표현한다. 푼크툼처럼 덕통사고는 우연히 매료당한 통증이다.

푼크툼과 덕통사고의 공통점은 급작스럽고 우연히 일어난다는 것이다. 영화, 사진, 음악, 애니메이션, 스포츠, 게임을 보다가 개인적인 가치관, 취향 등 자신의 예민한 정중앙에 뭔가 거대한 것이 와서 꽂힐 때 푼크툼과 덕통사고가 일어난다.


유튜브에 '입덕계기영상'을 검색하면 밀짚모자를 쓰고 "BOOM!" "BAM!"이라고 말하며 흥분하는 미국 아저씨의 격렬한 인터뷰 패러디 영상이 여러 개 뜬다. 이 영상은 어떤 사고를 취재한 미국의 뉴스 영상을 덕후들이 패러디하면서 유명해졌다. 덕후들은 주로 '덕통사고'의 스토리를 표현할 때 미국 아저씨의 격렬함을 차용한다. 인터넷상에는 밈의 원본(미국 아저씨 영상)을 바탕으로 한 각종 덕후계의 입덕 스토리가 펼쳐진다. 예를 들면 이런 내용이다.

"방학의 어느 날 아침이었지. 평소와 다름없이 누워서 TV 채널을 돌리고 있는데 나는 욕이 나올 만큼 귀여운 캐릭터를 보게 된 거야. BAM! 아니, 저 귀여운 거 뭐야! BAM! 돌아 버리겠네! 잽싸게 인터넷을 검색했지. 이름이 뽀뽀뿜이래. BOOM! BOOM! BOOM! BOOM! BOOM! 이름이 뽀뽀뿜이라니 이름도 너무 귀여운 거 아니냐고! BOOM! 쪼끄만 게 뽀작거리며 날아다녀! BOOM! BOOM! BOOM! 더 검색해 봤지. 아니 세계관이 387개래! 내 방학 안녕! 난 이제 여기 뼈를 묻겠구나! (비속어) 귀여워!"

이 영상이 밈으로 쓰이게 된 이유는 출연자의 과잉된 감정이 격렬한 입덕 상황을 중계해 주기 때문이다. 영상을 보면 각 덕후의 관심사와 취향 저격 지점, 즉 푼크툼을 알 수 있다.

그리스의 전설적 영웅 아킬레우스 이야기를 떠올려 보자. 그의 어머니인 바다의 여신 테티스는 아킬레우스의 몸을 거꾸로 잡고 저승의 스틱스강에 담가 상처를 입지 않는 몸으로 만든다. 하지만 그녀가 잡고 있던 발목 부분은 강물에 닿지 않았기 때문에 발목 뒤의 힘줄은 아킬레우스의 유일한 약점으로 남았다. 결국 아킬레우스는 트로이 전쟁에서 발목 뒤에 화살을 맞아 죽게 된다. 이 이야기는 '아킬레스건'이 치명적 약점이라는 뜻으로 쓰이게 된 유래이다. 푼크툼은 위 이야기의 아킬레스건처럼 개인적으로 취약한 지점 혹은 취향의 지점을 우연히 저격당하는 일이다.

롤랑 바르트의 저작 가운데 『밝은 방 : 사진에 대한 노트(La Chambre claire : Note sur la photographie)』는 사진에 관한 책으로 널리 읽힌다. 이 책에서 롤랑 바르트는 사진을 보는 사람에게 발생하는 정서적 효과를 두 가지로 구분해 설명하고 있다.

사람이 사진을 보고 느끼는 감정의 실체는 '스투디움(studium)'이라는 일반적인 흥미 감정과 '푼크툼'이라는 외상을 불러일으키는 두 감정이다. 스투디움과 푼크툼은 사진 이론에서는 아주 널리 알려진 개념이다.

스투디움은 사진을 보는 이에게 작가가 제공하고자 한 의도의 일반적인 욕망이나 감정을 불러일으킨다. 아름다운 인테리어의 집을 보면 나도 그 집에 살고 싶다는 욕망이 일어나고, 멋진 몸매를 가진 사람의 사진을 붙여 놓고 다이어트를 하면 나도 그렇게 되고 싶다는 욕망이 일어난다. 또 기아에 시달리는 어린이의 사진이나 영상을 보면 후원에 참여하고 싶다는 욕망이 일어난다. 스투디움은 상식적이고 클래식한 해석을 요구한다.

반면에 푼크툼은 작가의 의도와 관계없이 감상자에게 개인적으로 일어나는 강력한 '꽂힘'이다. 예를 들어 럭셔리한 인테리어의 집에서 아름다운 모델이 멋진 옷을 입고 침대에 누워 있을 때 신발을 신고 침대에 누워 있는 것이 참을 수 없어서 신발만 보이는 일, 온라인 강의를 들을 때 교수님 뒤의 책장에 모든 책이 잘 꽂혀 있는데 딱 한 권만 누워 있어서 그 책을 일으켜 세워 주고 싶은 충동에서 벗어날 수 없는 것이 푼크툼의 예시들이다. 푼크툼은 사진이나 영상의 의도와 관계없이 우연히 내게 섬광 같은 충격으로 꽂혀 버린 아주 작은 점을 의미한다. 부드러운 예시만 들었지만 잔인함, 슬픔의 충격, 상처 같은 것이 푼크툼이 될 수도 있다.

푼크툼은 스투디움을 깨뜨리러 온다. 그것을 찾는 것은 내가 아니라 그것이 장면으로부터 화살처럼 나와 나를 관통한다. ……
푼크툼은 찔린 자국이고, 작은 구멍이며, 조그만 얼룩이고, 작게 베인 상처이며 또한 주사위 던지기이기 때문이다. 푼크툼은 사진 안에서 나를 찌르는 그 우연이다.*

푼크툼은 사진이 의도한 스투디움을 깨뜨리고 특별히 내게만 상처만큼 강렬한 영감과 평상심의 전복을 가져오는 것이다. 푼크툼이 일어난 지점을 분석해 보면 본인이 알지 못했던 내면을 알 수 있다. 특정 장면에서 강렬한 아픔을 느꼈을 때, 모두가 웃고 있는 단체 사진에서 유일하게 웃지 않는 아이의 표정 같은 우리 안의 숨은 이야기를 발견하게 될 수도 있다.

덕통사고는 다름 속에서 반복되는 공통점이 있다. 덕후들은 이것을 취향의 소나무라고도 표현한다. 이렇게 꽂히는 지점들이 자신을 설명하는 조각들이다. '나'는 김연아, 손흥민 선수의 불굴의 의지와 끊임없는 노력에 꽂힐 수도 있고, 게임에서 제일 방어적 캐릭터로 공격을 캐리(업고 가다)하는 것처럼 보이는 캐릭터가 핸디캡

* 롤랑 바르트, 『밝은 방』, 김웅권 옮김, 동문선, 2006, 42쪽.

을 극복해 승리하는 반전을 좋아할 수도 있다. 결국 '나는 누구인 가?'라는 질문에 대해 덕통사고는 '저는 귀여운 것을 좋아하는 사 람입니다'와 같은 내 자신에 대한 설명의 조각을 추가해 준다.

대개의 경우 푼크툼은 하나의 '세부 요소' 다시 말해 부분적인 대상이다. 그런 만큼 푼크툼의 사례를 제시한다는 것은 어떤 면 에서 나를 토로한다는 것이다.*

라캉은 무의식이 타자(autre)의 담론이며, 나라는 개인으로부터 독립적 질서와 체계를 갖고 있다고 이야기했다. 나의 무의식이라 는 녀석은 내 통제 밖에 있는 독립적인 존재라는 것이다. 덕통사고 는 내 무의식이라는 녀석과 만나는 일이다. 푼크툼과 덕통사고는 내가 모르던 나의 부분, 나라는 타자, 무의식을 엿보는 기회이자 아 직 언어나 기호로 정리되지 못한 나의 내면을 맞닥뜨리는 일이다. 무의식을 마주한 나는 이런 말을 하게 될지도 모른다. "아니 내가 이런 걸 좋아하는 사람이었어?"

영어 동사 중 'want' 'hope' 'wish' 이 세 단어는 모두 '바라다'라는

* 롤랑 바르트, 『밝은 방』, 60쪽.

뜻을 가지고 있다. want는 '선생님이 숙제를 적게 내 줬으면 좋겠다' '오늘 내내 TV만 보다가 저녁에 엄마가 갈비찜을 해 주면 좋겠다'처럼 언어로 구체화할 수 있고 실행하거나 실행시킬 수 있는 현실의 바람이다. hope는 지금 당장은 아니지만 미래에는 어쩌면 가능할 수도 있는, 불가능하지 않은 일을 가리킨다. 예를 들어 '첫사랑이 이루어졌으면 좋겠다'라든가 '1등을 하고 싶다'라든가 '오로라를 직접 보고 싶다'와 같은 것이 hope다. 마지막으로 wish는 이루어질 가능성도 낮은 일, '내가 농사짓는 걸 좋아한다고?'처럼 본인이 영원히 몰랐을 수도 있는 내 무의식이 가진 소망이다.

푼크툼과 덕통사고는 '소망(wish)'과 관련되어 있다. 나도 몰랐던 내 안의 나를 관통당하는 일이다. 내가 알고 있는 나는 주로 사회 속의 나다. 반면 무의식 속의 나는 내 자신에게도 잘 알려져 있지 않다. 나의 무의식에 대해서라면 오히려 나보다 웹브라우저의 쿠키가 더 잘 알고 있을 수도 있다.

영국의 철학자 데이비드 흄은 아름다움이란 즐거움을 자아내는 형태라고 했다. 개인의 감정에 즐거움이나 만족을 주는 질서와 구조가 있다는 것이다. 덕후에게는 "언제나 나를 흔드는 건 실력 30퍼센트에 귀여움 70퍼센트였어" 같은 취향을 저격당하는 황금비율이 있다. 저격은 개인의 의지와 상관없이 수동적으로 당하는 일을 말한다. 누군가에게 나의 취향을 말한 적 없어도 구글의 광고 프로그램인 애드센스가 미리 조사한 데이터를 바탕으로 내 취향을 저격해 광고를 클릭하게 만드는 것처럼, 푼크툼은 갑작스럽게 취향을 저격당하는 일이다.

스투디움만 존재하는 사진을 바라볼 때 관객의 몸짓은 게으르다. 사진을 대충 넘기거나 빨리 혹은 무기력하게 보거나, 능장 부리거나 서두르면서 본다. 하지만 푼크툼을 찔린 관객은, 롤랑 바르트의 표현에 따르면 '웅크린 야수'로 변한다.* 푼크툼은 취향의 정중앙을 저격당해 즐거움을 사냥하는 야수로 변하게 되는 일이다. 첫눈에 반하는 일은 우연히 맞닥뜨린 사고처럼 찾아온다. 그 사람을 사랑할 계획 같은 건 누구에게나 없듯이.

* 박상우, 앞의 책, 54쪽.

# 일코, 덕질도 통역이 되나요?

feat. 루트비히 비트겐슈타인 - 언어놀이, 질 들뢰즈 - 리좀

어느 날 트위터에 '#우리_장르_사람들은_다아는_한문장'이라는 해시태그가 실시간 트렌드에 올라와 있었다. 이 해시태그를 클릭하니 덕후 각자가 속한 장르의 대표 문장이 전시되고 있었다. 예를 들면 <오버워치> 게임 유저가 쓴 한 문장은 '석양이 진다'였다.

'석양이 진다'는 말은 <오버워치>라는 게임 속 맥크리라는 캐릭터가 필살기 기술인 '황야의 무법자(deadeye)'를 발동하기 전에 하는 대사다. 원어로는 'It's high noon(낮 12시인데)'인데 서부영화에서 클리셰로 자주 쓰였던 정오의 결투에서 따온 대사다. 한국어로 '석양이 진다'로 번역되었지만 '손봐 줄 시간이군'이라는 뜻에 더 가깝다. 만약 이런 정보를 전혀 알지 못하는 사람이라면 이 문장을 봐도 그속에 숨은 뜻을 알 수 없다.

덕후들이 자신들의 덕질 이야기를 잘 하지 않는 데는 여러 가지 이유가 있지만 첫 번째로, 일반인은 덕후계 언어를 모르기 때문이다. 마치 생전 처음 들어 본 외국어처럼 사용하는 언어가 다르기 때문에 대화가 되지 않는다. 보통 자신이 덕후인 것을 숨기고 일반인인 척하는 것을 가리켜 '일코(일반인 코스프레)'라고 하는데, 덕후들이 '일코'를 하는 가장 큰 이유는 대화가 안 통하기 때문이다.

와인 덕후란 '와인'이라는 언어를 쓰는 사람을 말한다. 와인 덕후가 아니라면 와인 맛이 버터 같고, 오크 숙성이 지나치며, 탄닌과 피니시가 어떻고 하는 대화를 이어 갈 수가 없다. 분명히 우리나라 말이지만, 같은 장르의 덕후만 알아들을 수 있는 단어와 용례가 가득하기 때문에 그 내용은 오직 그들끼리만 공유할 수 있다. 이들은 일반인이 도무지 알 수 없는 와인의 버터 맛에 대해 서로 공감하고 이해한다.

이렇게 언어의 용례에 따라 단어의 의미를 파악하는 것을 철학자 비트겐슈타인(Ludwig Josef Johann Wittgenstein, 1889~1951)은 '언어게임(langugae-game)'이라고 불렀다. 언어게임이란, 정해진 규칙에 따라 동작의 의미가 정해지는 게임(경기)처럼 언어도 상황에 따라 언어의 의미가 달라지는 일종의 놀이라는 이론이다.

어떤 건축가와 조수가 건물을 짓고 있는데 건축가가 "벽돌" "기둥" "석판"이라고 말하면 조수가 그것을 가져온다. 그 단어에는 '○○(벽돌, 기둥, 석판)을 가져와'가 생략되어 있다. 마찬가지로 태권도 사범이 훈련생에게 "벽돌" "석판"이라고 말하면 벽돌과 석판을 격파하라는 말이다. 이처럼 언어적 표현의 의미는 그것이 어떻게 사용되느냐에 따라 결정되는 것이다.*

조금 더 쉽게 말해, '무'라는 단어는 마트의 진열대에서는 채소 무를 가리키지만 경상도에서는 '먹어'라는 뜻이기도 하다. 이렇듯 언어의 의미는 사용 용도에 따라 달라진다.

트럼프 카드게임의 '조커' 카드는 원카드에선 '구세주'라는 용도, 포커에서는 '무용지물', 도둑잡기에서는 '패배 원인'이 된다. 게임의 규칙에 따라 조커의 역할이 달라지는 것처럼, 같은 단어라도 경험을 통해 이 상황에서는 이렇게, 저 상황에서는 저렇게라는 뜻으로 언어를 사용하는 것이 마치 게임 같다고 하여 '언어게임'이라고 하는 것이다.

한편, 게임 덕후는 "석양이 진다"는 대사가 <오버워치> 게임에서는 '손봐 줄 시간이군'으로 통한다는 경험을 통해 그 언어의 새로운 의미를 획득할 수 있다. 이렇게 그 세계의 경험을 공유한다는 것은

* 철학아카데미, 『현대철학의 모험』, 길, 2007, 350쪽.

그 세계에 대한 언어 용례를 공유한다는 뜻이다. 구성원들 사이에서 언어는, 세계를 그려 내는 도구이기 때문이다.

비트겐슈타인은 세계와 언어가 서로 대응하는 구조를 갖고 있다고 했다. 언어는 세계를 비추는 거울이다. 거울은 2차원의 평면에 3차원의 세계를 비춘다. 거울에 비친 모습이 실제 세계는 아니지만 실제 세계의 이미지와 같을 것이다. 하지만 우리는 거울에 비친 이미지를 보고 그것이 실제로 어떤 모습을 하고 있는지에 대한 이해에 도달할 수 있다.*

언어도 거울처럼 세계를 묘사해 그려 낸다. '무'나 '석양이 진다'처럼 똑같은 단어 혹은 문장이 다른 용례로 쓰이는 것은, 언어가 묘사하는 원본 세계가 다르기 때문이다.

게임 덕후와 와인 덕후는 둘 다 덕후지만 속한 세계가 달라서 서로의 언어를 모른다. 왜냐하면 다른 게임을 하고 있기 때문이다. 축구 게임과 카드게임은 둘 다 게임이지만 규칙에는 공통점이 없다. 같은 게임을 하는 사람들은 같은 언어를 쓴다. '#우리_장르_사람들은_다아는_한문장'이라는 해시태그는 어떤 사람들에게는 통

* 박병철, 『비트겐슈타인 철학으로의 초대』, 필로소픽, 2014, 90쪽.

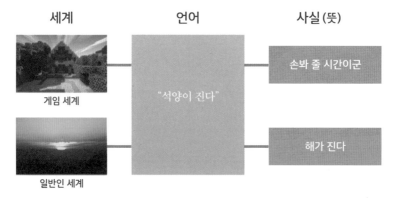

◈ 집단마다 다른 언어의 구조

역되지 않는 외국어 같은 것이다. 통역이 어렵기 때문에 덕후는 일 코를 한다.

덕후가 일코하는 첫 번째 이유가 사용 언어가 달라서였다면, 두 번째 이유는 덕후에 대한 편견과 비하의 시선이 있기 때문이다. 덕 후라는 것을 밝혔을 때 별로 이득 될 것이 없으니 굳이 덕밍아웃할 필요가 없는 것이다.

덕후에 대한 편견 중에는 '덕후'가 그 사람이 가진 정체성의 전 부인 듯 보는 시선이 있다. 정체성을 단정 짓고 구분하는 선을 변 경 불가한 것으로 보는 체계를 철학자 질 들뢰즈(Gilles Deleuze, 1925~1995)는 '수목적 체계'라고 불렀다. 그러므로 일코는 수목적 체계의 사고방식, 즉 고정관념을 가진 사람이 많은 사회에 주로 나

◆ 수목과 리좀 – 단절된 수목과 연결된 리좀

타난다.

들뢰즈는 이 세상에 존재하는 어떠한 것도 하나의 단일한 체계로 규정될 수 없는 '다양체'로 보았다.* 그리고 모든 단위를 기계라고 하고 작동하는 기관으로 보았다. 기계들은 연결과 분리를 통해 의미를 갖게 된다고 했는데, 만약 손이라는 신체가 있다면 숟가락을 쥐었을 때는 밥 먹는 기계, 피아노를 연주하면 악기로서의 기계, 붓을 잡으면 그림을 그리는 기계가 될 수 있다는 것이다.

들뢰즈는 이렇게 결합되는 통접(connexion)과 분리되는 이접(dis-joinction)이 유연한 체계를 '리좀적 체계'라고 했다. 다시 말해, 확고

---

* 박영욱, 『데리다 & 들뢰즈』, 김영사, 2009, 121쪽.

하고도 개념적인 체계를 수목(tree)적이라고 하고, 유연하고 이념적인 체계를 리좀(rhizome)적이라고 불렀다.

수목적 체계를 이루는 선은 일탈을 허용하지 않는 엄격한 선인 반면에, 리좀적 체계를 이루는 절단의 선은 일탈을 허용할 뿐 아니라 잠재적인 선이다. 사회 구성원을 여자와 남자, 자본가와 노동자, 진보와 보수 등으로 경직된 기준으로 이분하는 것은 수목적 체계의 선이다. 반대로 노동자이면서 자본가이기도 하고 어른이면서 아이기도 한 그런 유연한 틈을 가진 것이 리좀적 체계의 선이다.

한편, 수목적 체계의 가치관을 가진 사람들은 정체성에 교집합이나 이합집산이 있을 수 있음을 인정하지 못한다. 리좀적 체계하에서는 판사님이면서 <보노보노>의 팬일 수도 있고, 할머니가 애니메이션 덕후일 수도 있고, 이종격투기 선수이면서 캐릭터 덕후일 수도 있다.

철학적으로 보면 사람들은 각 단위의 정체성에 접속과 단절을 반복하는 복합적 정체성을 가진 기계이다. 회사에 접속하면 직장인이라는 기계, 집에 접속하면 자녀나 부모라는 기계, 체육 시설에선 회원이라는 기계, 네트워크상에선 덕후, 카페 회원, 감상자라는 기계가 된다. 덕후의 일코는 이런 복합적 정체성, 리좀적 정체성을 인정하지 않고 일괄 판단해 정의하려는 수목적 가치관의 평가를 피하고자 함이다.

ㅋㅋㅋㅋㅋ
ㅋㅋㅋㅋㅋ
ㅋㅋㅋㅋㅋ

글자와 그림의 경계가 모호한 기호

# 외않되?

이것은 문자가 아니라 고의적 오타로
주목을 끌기 위한 그림이다

◆ 그림인가 글자인가

◆ 그림과 글자

'ㅋㅋㅋㅋㅋㅋ'라는 문자는 한글 자음이 연속되는 초성이지만 두 줄 이상 연속으로 쓰면 그림처럼 느껴진다. 그림과 문자 사이(be-tween)의 존재, 마치 '리좀'과 같다. '외않되?'라는 야민정음(한글 자모를 비슷한 것으로 바꾸어 표기하는 인터넷 밈)도 글자지만 동시에 주목을 끌기 위한 목적으로, 글자와 그림 중간에 위치한 기호다.

리좀은 출발점이나 끝이 아니다. 리좀은 언제나 중간에 있으며 사물들 사이에 있는 사이(間) 존재이자 간주곡이다. 수목은 혈통의 관계이지만 리좀은 결연의 관계이며 오직 결연 관계일 뿐이다.*

* 질 들뢰즈, 『천개의 고원』, 김재인 옮김, 새물결, 2001, 55쪽.

우리는 크리틱(critic)의 시대에 살고 있다. TV를 볼 때도, 사람을 볼 때도 재빠르게 평가하고 판단하여 결론을 내린다. 누군가 상대방을 보며 "저 사람은 부지런한 사람이야"라고 평가했을 때, 그는 직장에선 성실하지만 집에서는 소파에 누워 꼼짝 않는 사람일 수도 있다. 요즘의 세상은 상대방의 전부를 알 수 없는데도 사람과 사건을 어떤 판단의 결과 폴더에 분류한다. 때문에 우리에겐 리좀적 사고가 필요하다. 리좀적 사고는 고정 폴더를 갖지 않는 것이다. 사람도, 접속한 역할에 따라 다른 정체성을 가질 수 있다는 리좀적 가치관이 확산되면 덕후에 대한 인식도 점차 달라질 수 있으리라는 기대를 가져 본다.

## 2

욕
망
의
세
계

## 최애는 추가될 뿐 : 취향의 지향성

feat. 에드문트 후설 - 현상학

'덕후'는 사진 한 장을 가지고도 몇 시간씩 감상할 수 있는 사람이라는 말이 있다. 덕후가 한 장의 사진을 보고 있을 때 누군가는 "뭐, 똑같은 걸 계속 보고 있어?"라고 할 수도 있지만, 사실 덕후는 한 장의 사진을 여러 가지 방법으로 감상하는 것이다. 귀여운 요소를 찾아내거나 장인 정신의 요소를 발굴하거나 앵글의 의도를 추측하거나 배경의 의미를 생각하는 등 여러 취향의 관점에서 사진을 보며 다채롭게 경험한다.

누구나 각자의 취향이 있겠지만, 특히 덕후는 그 취향이 특별히 더 발달한 사람이다. 스포츠, 애니메이션, 기호품, 예술 등 좋아하는 대상은 달라도 매운맛 마니아, 완성도 지향, 외모 지상주의자, 귀여움 선호가, 이야기의 개연성 중시 등 각자가 좋아하는 취향의 요소가 있다.

좋아하는 스타의 귀여운 장면만 발굴해서 영상을 만드는 어떤 팬은 유명 인플루언서 부럽지 않은 수십만의 팔로워를 가지고 있다. 그를 팔로우하는 사람들은 스타의 귀여움을 발굴하는 그의 시선과 능력을 인정하고 좋아한다. 어떤 팬은 영상이나 사진 없이 경기 감상 장면만 올리는데도 해설가 못지않은 뛰어난 표현력으로 많은 팔로워를 가지고 있다. 감상평이 창작물이 된 것이다. 이렇듯 자기 자신도 어떤 대상을 좋아하는 팬이지만 한편으로 자신을 따르는 팬을 보유한 사람을 가리켜 네임드 팬이라고 한다. 이들 대부분은 특별하고 탁월한 감상의 기술을 가지고 있다. 팬들은 자신과 같은 취향의 감상을 감상하기 위해 네임드 팬의 계정을 찾는다.

우리에게 잘 알려진 화가 폴 세잔은 매일 루브르 박물관에 갔다고 한다. 그는 박물관에 가서 매일 똑같은 그림을 닳도록 바라보았다. 그 그림이 대상을 어떻게 표현하는지 반복해서 관찰하고 고민했다. 사과라는 정물을 제대로 표현하기 위해 똑같은 사과를 수십 번 그리기도 했다. '어떻게 내 관점을 표현할까'를 고민하던 다른 화가들과 달리 세잔은 '어떻게 내 관점을 지울까'를 고민하며, 그림을 그리는 나를 지우고 풍경과 정물의 본질을 그대로 전달하고자 했다. 그림을 통해 대상에 대한 자신의 예술관을 표현하려고 한 화가들과는 다르게 세잔은 그리는 자신의 관점을 빼려는 예술관을 가지고 있었고, 인상과 감상을 더하지 않는 예술을 하고자 했다.

원본에 무엇이 얼마나 더해지는지 알아야 더하지 않을 수 있다는 말처럼 세잔은 다른 화가들이 그림에 무엇을 더하는지를 생각했다. 동시에 '나'를 어떻게 더하지 않을지 고민하며 그림을 그리고 또 그렸다. 생트빅투아르산을 여러 번 그린 것 또한 본질에 가닿기 위한 노력이었다.

네임드 팬이나 다른 화가가 더한 것, 폴 세잔이 빼려고 한 것은 '감상의 관점'이다. 이것을 현상학의 대표 학자 에드문트 후설(Edmund Husserl, 1859~1938)식으로 말하자면 '노에시스'라고 이야기할 수 있다.

후설은 우리가 대상을 바라볼 때 개인적 경험에서 비롯된 의식이 대상에 덧씌워져서 '현상(phenomenon)'이 된다고 했다. 대상이 개인의 가치관이나 경험이라는 필터를 통해 인쇄되는 것이다. 이

◈ 폴 세잔 - 생트빅투아르산 연작

때 개인적 의식 작용을 '노에시스(noesis)', 의식이 재구성한 내용을 '노에마(noema)'라고 했다. 노에시스는 마치 카메라 앱의 필터와 같다. 우리는 각자 좋아하는 필터를 씌워 대상을 현상한다.

관점을 넣지 않을 뿐 아니라 넣은 관점을 빼려면, 내가 어떤 관점을 넣는지를 알아야 한다. 원근감을 강조하고 테두리를 강하게 그리는 식의 개인적 취향의 지향성을 알아야 제거할 수 있다. 세잔의 노에시스는 '관점의 덜어 내기'이고 노에마는 '원본의 재현'이었다. 세잔은 노에시스를 파악하여 제거하고 대상 그대로의 노에마를 현상하고자 했다. 이것을 '현상학적 환원'이라고 한다.

현상학은 개인적 의식 작용의 지향성을 제거하고 현상을 그대로 바라보자는 학문이다. 개인의 의식 작용에서 각자 다른 결과가 나

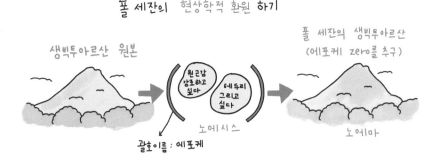

◈ 노에시스와 노에마 - 화가 폴 세잔에게는 관점을 빼는 것이 관점

타나기 때문이다.

사람들은 분명 똑같은 걸 봤는데 개인의 의식 작용(노에시스)에 따라 다른 것을 출력(노에마)해 낸다. 물이 반 정도 들어 있을 때 긍정적 사고 지향인 사람은 '물이 반이나 있네'라고 현상을 파악할 것이고, 부정적 사고 지향인 사람은 '물이 반밖에 없네'라고 현상을 파악할 것이다. 개인의 의식 작용의 지향성을 알 수 있다. 인식과 판단인 노에시스를 제거해야 '물이 59퍼센트 들어 있다'는 진짜 현상을 밝힐 수 있을 것이다. 자신이 평소에 모든 일을 사실보다 9퍼센트 정도 좋게 생각하는 경향이 있다는 것을 안다면 9퍼센트를 제거해 객관적 사실에 다가갈 수 있을 것이다.

"현상학은 인식과 판단 과정에서 들어가는 개인적 의식의 지향성을 에포케라는 괄호에 넣어 제거하고 현상을 있는 그대로 바라보자는 학문이다. 에포케 속에 들어있는 의식과 대상의 상관관계를 해명하는 일은 근본적인 문제를 밝히는 일이기 때문이다."*

한편, 덕후는 현상학과 세잔과는 반대편에 서 있다. 덕후는 개인적 감상과 의식 지향성을 에포케에 넣지 않고 극대화하여 감상으로 표현한다. 네임드 팬의 감상평이나 창작은 그야말로 '노에시스'

* 박승억, 『후설 & 하이데거』, 김영사, 2007, 25쪽.

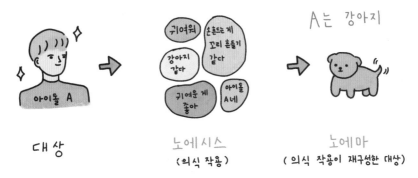

덕후의 의식 지향성 프로세스

대상　　　　　노에시스　　　　　노에마
　　　　　　　（의식 작용）　（의식 작용이 재구성한 대상）

◆ 덕후의 의식 지향성 프로세스 – 노에시스(관점)는 다다익선

의 전시장이다. 다음의 그림을 통해 덕후가 스타 A를 보고 의식을 재구성하는 과정을 살펴보자.

덕후의 의식 지향성 프로세스는 아이돌이라는 원본에 덧붙이는 노에시스를 극대화하다 못해 강아지라는 '노에마'를 현상해 버렸다. 마치 할머니, 할아버지가 손주를 보고 귀여워하는 '노에시스'를 가진 것과 비슷하다. '노에시스'를 너무 많이 덧붙인 나머지 '노에마'는 본체와 정체성이 다른 '우리 강아지'가 되어 버린 것이다.

덕질의 이런 특성은 빼는 것이 아니라 더하는 것에 목적이 있다. 덕질은 사실에 닿고자 하는 것이 아니라 감상에 목적을 둔 예술이기 때문이다. 귀여움, 감동, 열정 같은 개인적 의식 처리(노에시스)를 극대화하는 것이 덕질이다. 덕질은 행복(노에마)을 현상하는 노에시스를 개발하는 작업이다. 내 '노에시스'만으론 부족해서 타인의 노에시스까지 감상하고 즐기는 활동인 것이다.

어떤 덕후가 친구에게 이제껏 자신이 좋아했던 대상들을 나열하면서 "내 취향 소나무 같아?"라고 물었다. 이 질문의 핵심은 자신의 취향의 지향성에 일관성이 보이는가 하는 것이다. 당연히 사람들의 취향은 변주 속에서 일관된 지향성을 갖는다. 한 가지 취향을 가진 것은 아니지만 다양한 취향을 공통으로 지나는 의식의 지향성이 있다. 이것도 일종의 '노에시스'다.

후설에게 영향 미친 철학자 데카르트의 유명한 명제를 떠올려보자. "나는 생각한다. 고로 나는 존재한다." 이 말은 세상의 모든 사실을 의심할 수 있어도 내가 생각하고 있다는 사실, 생각하고 있는 내가 존재한다는 사실은 의심할 여지가 없다는 뜻이다. 그런데 후설은 "나는 생각한다"라는 전제가 출발점이 되기에는 어떤 상황에서 어떤 일을 어떻게 생각했는지 등 고려할 다른 요소가 많다고 생각했다. 후설은 데카르트의 전제가 온전하려면 "나는 (○○)을 생각한다"가 되어야 옳다고 했다. 여기서 괄호는 지향성을 말한다.

사람들은 각자의 입장과 관점에서 대상을 생각한다. 둥글게 생각하는 사람들은 긍정적으로 대상의 '(둥근 점)'을 생각할 것이고 까칠한 사람들은 대상의 '(뾰족함)'을 현상할 것이다. 이런 지향성이 의식적 지향성이다.

의식적 지향성 외에도 사람들은 다양한 지향성을 가진다. 아름다움을 좋아하는 시각적 지향성, 긴장하면 행동이 과해지는 신체적 지향성, 집 안에만 머무르려고 하는 집순이와 집돌이의 공간 지향성, 자꾸 과거에 집착하는 시간의 지향성 같은 여러 지향성이 나를 구성하는 노에시스이다. 지향성은 나의 존재를 설명한다.

내가 결정하지 않은 이름, 국적, 성별 같은 것들보다 습관, 가치관, 경향성 등 나의 경험으로 인해 생겨난 노에시스들이 나를 더 잘 설명해 준다. 노에시스는 각각의 개인이 세계를 바라보는 관점인 지향성, 세계관, 가치관을 보여 준다.


현상학이 하고자 한 것은 에포케를 분리시킴으로써 원본을 파악하려는 것이다. 현상학은 본체의 본질이 아닌 본체의 현상을 연구하는 학문이다. 현상은 "대상이 어떠한 왜곡도 없이 있는 그대로의 모습"*이다.

아이돌 A의 귀여움을 표현할 때, 어떤 팬은 "강아지처럼 귀엽잖아"라고 하고 또 어떤 팬은 "무슨 소리야, 고양이처럼 귀엽지"라고 한다. 여기서 두 사람은 '고양이처럼' '강아지처럼'으로 서로 다른

* 박승억, 앞의 책, 68쪽.

지향성을 드러낸다. 두 사람이 아무런 이의 없이 인정한, 있는 그대로의 사실은 '귀여움'이다. 이렇듯 대부분의 팬들은 아이돌을 각자의 취향대로 왜곡하여 바라본다. 그러나 각자의 지향성(취향)을 덜어 내고, 있는 그대로 아이돌 A를 바라본다면 각자의 취향·세계관·지향성을 더 잘 파악할 수 있을 것이다.

현상학적으로 '나'는 어떤 대상을 바라볼 때 갖게 되는 내 의견들의 총합이다. 지향성, 세계관, 취향 같은 것들이 나를 구성한다. 내가 바라보는 방식이 나를 만든다. 과연 우리는 대상을 어떻게 바라봐야 할까? 이 질문을 기억하자. 귀엽게 바라보면 귀여운 내 세상을 갖게 된다. 어떤 세상을 가질지는 전적으로 내 결정에 달려 있다.

# 3개의 세계와 현타

*feat. 자크 라캉 - 상상계 · 상징계 · 실재계*

환상이 허용되는 공간이 있다. 사람들은 즐거운 축제가 열리는 곳, 환상의 나라인 놀이공원으로 허락된 환상을 즐기러 간다. 간혹 코스프레 같은 것이 허용되는 행사나 공간도 있기는 하지만 어른이 환상에 몰입할 수 있는 실제 공간은 놀이공원이 거의 유일하다. 하지만 물리적 공간이 아니라면? 각자 의식 속에 있는 환상 공간은 제한이 없다. 책, 영화, 드라마, 만화를 통해 어른도 의식 속의 환상 공간으로 언제 어디서나 방문할 수 있다.

이렇게 환상을 믿는 것이 허용된 공간이나 세계를 철학자이자 정신분석학자인 자크 라캉(Jacques Lacan, 1901~1981)은 정신계에서 '상상계(the imaginary)'라고 불렀다. 상상계는 거울 속의 내 외모가 곧 내 자아라고 믿는 세계다. 생후 6~18개월의 어린아이는 거울에 비친 자신의 이미지를 나의 자아라고 믿고 만족하며 그것에 열광한다. 거울 속 내 육체적 이미지와 자신을 동일시하며 나르시시즘적 자아를 형성한다. 실제로 그리 뛰어난 외모가 아니더라도 본인에게 도취해 만족하고 행복해한다. 그래서 라캉은 상상계를 '거울 단계'라고 불렀다.

'나'를 생각하면 내 얼굴이 떠오른다. 이미지가 나의 자아를 대리하는 것이다. 거울은 거짓 없이 비추는 것 같지만 사실은 보는 이의 욕망에 의해 왜곡된 이미지를 보여 준다. <겨울왕국>의 주인공 엘사가 되고 싶은 욕망은 상상계와 연결되어 거울 속에서 마치 자신이 엘사가 된 것 같은 환상을 보여 준다. 엘사 드레스를 입은 아이는 거울 속 자신의 모습을 통해 엘사와 합체 중이다. 거울을 통해 행복한 환상을 보는 것이다.

우리는 이렇게 거울 속의 내 모습을 보고 그것이 자신이라고 믿고 만족하는 생후 6~18개월의 상상계를 지나, 언어로 된 세계이자 남의 눈치를 보고 내가 어떻게 보이는지 알고 내 역할에 맞게 살아가는 상징계(the symbolic)로 강제 진입하게 된다. 어린아이처럼 남들에게 보이는 내 모습을 모르고 거울 속 나에게 만족하며 이미지를 나와 동일시하는 단계가 상상계였다면, 상징계는 사회 속에서 내가 어떻게 보이는지 의식하며 그에 맞춰 살게 되는 단계다.

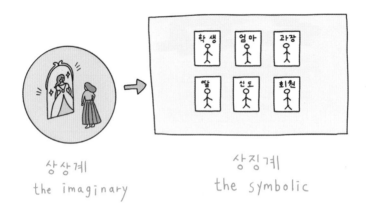

아이는 말을 배우면서 더 이상 상상계에 남아 있을 수 없고 상징계로 강제 진입한다. 상징계에 진입해도 상상계가 아예 사라지는 것은 아니지만 상상계에서 극대화되었던 환상력은 상징계에선 힘을 잃고 만다. 허락되지 않을 땐 나타날 수조차 없다.

언어를 배운 아이는 자신의 이름이 엘사가 아니라는 걸 알게 된다. 엘사 옷을 입어도 남들이 나를 엘사로 보지 않는다는 것을 아는 사회적 자아가 생기고, 엘사 옷을 입고 마트에 갈 수 없어지면 더 이상 상상계에만 남아 있을 수 없는 것이다.

일단 상징계에 진입하고 나면 상상계만으로 이뤄졌던 시기로 돌아갈 수 없다. 상징계는 이름으로 대표되는 시니피앙의 세계다. 불리는 명칭이 곧 나의 역할이다. 학생, 엄마, 아빠, 대리, 부장, 회원,

선생님 같은 명칭이 내 역할이다. 상징계는 역할에 맞는 규범에 따라 살기로 강제된 롤플레잉 세계다. 가끔 내게 어울리지 않는 역할이 주어져도 거기 맞춰 해내야 한다. 왜냐하면 상징계는 어른의 세계니까. 이 세계에서 상징은 사회적 지위다. 내성적 성격이라 과 대표 같은 건 하고 싶지 않아도 뽑히면 해야 되는 곳이 상징계다. 상징계의 역할이 과도하게 나를 덮칠 때나 상징계의 역할이 나와 맞지 않을 때 '현타(현실자각타임)'가 찾아올 수 있다.

이렇게 상징이 부여한 롤플레잉과 맞지 않아 현타를 느끼는 상황을 이용한 예능 프로그램들을 볼 수 있다. 어떤 역할을 설정해 놓고 거기에 가장 어울리지 않는 사람에게 상징 롤플레잉을 시키는 것이다. 도도하고 세련된 도시 남자 이미지를 가진 이서진, 차승원 같은 배우가 시골에서 밥을 하는 <삼시세끼>라든가 화려한 모습의 아이돌이 아기를 돌보는 <god의 육아일기> 같은 예능 프로그램은 상징과 주체의 불균형에서 오는 현타를 기반으로 만든 콘텐츠다.

패션매거진 『W』에서는 개 밥그릇에 놓인 루이비통, 잡종견이 에르메스 스카프를 매고, 할머니가 디올 백을 든 명품 화보를 선보였다. 이 또한 상징계의 역할과 주체의 부조화를 이용한 충격을 상품에 대한 주목도로 연결하는 것이다.

상징계(the symbolic)는 호칭뿐 아니라 여러 가지 상징이 지배하는 세계다. 한국에선 '서울대' '에르메스' '람보르기니' '한남더힐' '파텍 필립' 같은 것이 지배적 상징의 이름(시니피앙)이다. 상징계에서는 이런 상징들이 삶의 목표이자 사회적 지위를 측정하는 잣대가 된다. 상징의 이름이 훈장을 준다.

실재계(the real)는 상징계의 가치로는 의미 없지만 나 자신에게는 소중한 무의식의 세계다. 지금은 그만뒀지만 한때 정말 사랑했던 음악에 대한 증거로 남아 있는 기타나 피아노, 선발전에서 탈락하고 다시 꺼내 본 적 없는 축구화 같은 것들이 버려지는 곳이 실재계다. 상상계에선 가치 없어서 버려진 내 진짜 욕망은 실재계에 상처와 상실로 남겨진다. 상징을 얻기 위해 희생된 것들이 버려지는 곳이 실재계다.

이렇게 상상계에서 상징계로 진입하며 실재계에 버려진 소망을 라캉은 '오브제 프띠 아(objet petti a)'라고 했다. 줄여서 '오브제 아'라고 불리는 이것은 상징계에 편입되지 못한 욕구의 잔재다. 실재계의 오브제 아는 무의식 속에 결핍과 욕망으로 죽은 듯 지내다가 상징계에 균열이 생기는 순간에 갑자기 나타난다. 상징계의 위대한 심벌인 좋은 차, 큰 집, 학벌 같은 것들이 의미 없어지는 결정적 순간에 좀비처럼 스르륵 살아나 등장한다. 죽을 결심을 했다가 '죽을 바에야 내가 좋아하는 것이라도 실컷 해 보자'라며 어려운 상황을 극복한 사람들의 일화나, 트라우마로 괴로워하는 사람들의 꿈 이야기 같은 사례에서 실재계의 등장을 볼 수 있다. 한편, 상징계에 은폐당하고 억눌린 욕망이 지나치게 클 때는 정신적 문제로 발현하기도 한다.

농구 선수 마이클 조던은 농구로 세계 최고의 자리에 앉았지만, 불의의 사고로 아버지가 돌아가시자 그 충격으로 농구계를 은퇴하고 갑자기 마이너리그 야구 선수가 되었다. 조던이 어렸을 때 조던의 아버지는 야구를 하던 조던의 모습을 보면서 야구에 소질이 있다고 하면서 흐뭇해했다고 하는데 그런 기억이 조던의 실재계에 남아 있었나 보다. '아빠의 꿈을 이뤄 주지 못한 아들의 아쉬움'이 조던의 무의식에 '오브제 프띠 아'로 있었던 게 아닐까. 이렇게 본인도 알지 못하는 잠재적 상실과 욕망이 죽은 듯 숨어 지내는 곳이 실재계다.

상징계와 상상계, 실재계는 서로 연결되어 있다. 우리는 어른이 되어 대부분의 시간을 상징계의 인간으로 남들 눈을 의식하며 살아가지만, 퇴근 후나 주말이면 게임을 하거나 드라마를 보며 상상계에 접속한다. 그러다 월요일 아침이 되면 상징계의 인간으로 돌아간다. 또 평생을 1등, 합격, 건물주 같은 상징을 이루기 위해 노력하며 살다가 내가 믿었던 상징계가 깨지면 실재계를 만나기도 한

◈ 상상계(the imaginary), 상징계(the symbolic), 실재계(the real)의 관계성

다. 믿었던 상징이 의미 없어지는 순간이 상징계에 대한 현타일 것이다. 예를 들어, 죽도록 공부해서 서울대만 가면 새로운 세상이 열릴 줄 알았는데 다시 학점 경쟁에 돌입하고 취업 전쟁에도 뛰어들어야 된다는 현실을 마주한 경우 현타가 올 수 있다.

하지만 상징계에 대한 이 정도의 현타로는 실재계를 만날 수 없다. 라캉은 완전히 실재계에 도달하는 것은 죽음을 통해서만 가능하다고 했다. 왜냐하면 모든 사회적이고 상징적 욕망이 소멸될 때에만 완전한 실재계에 닿을 수 있기 때문이다.

이렇게 실재계는 만나기 힘들지만 상상계는 늘 우리 곁에 있다. 우리는 상징계에 주로 거주하면서 상상계를 수시로 오간다. 놀이 생활, 취미 생활, 덕질 같은 것들이 상상계적 활동이다. 특히 덕질 활동에는 보이는 이미지를 사실이라고 믿을 수 있는 능력이 필요하다. 거울 속의 나를 '엘사'로 가정할 수 있는 상상력이 상상계로 들어가기 위한 열쇠다. 덕후는 일반인에 비해 만화, 영화, 드라마 등 콘텐츠에 대한 상상력과 몰입력이 높고 놀이 능력 역시 뛰어나다. 이런 상상과 믿음은 덕질 여부를 떠나서 삶에 긍정적인 역할을 한다.

라캉은 거울 단계에서 어린아이가 거울 속의 모습이 자신이라고 믿는 것도 허상이자 나르시시즘이며 스스로가 편안해지고 행복해지는 이미지를 발견하고 자신을 동일시하는 것뿐이라고 했다.

나를 즐겁게 하는 상상계와 사회에서 필요한 역할이 되는 상징계 사이에서 완벽하게 균형을 이루며 산다면 좋겠지만, 우리는 한쪽으로 늘 치우치기 마련이다. 이런 불균형은 현타를 부른다. 앞서 상징계의 역할이 과도할 때 혹은 믿었던 상징이 의미 없어지는 순간 현타가 온다. 그러나 반대로 상상계적 활동이 지나친 나머지 상징계와의 균형이 깨져서 폐허가 된 상징계를 볼 때도 현타가 찾아온다. 덕질에 돈을 많이 써서 텅 빈 잔고를 볼 때, 시험을 앞둔 주말에 놀고 싶은 욕망을 충족하고 시간을 탕진했을 때 찾아오는 현타가 그것이다. 결국 우리의 최선은 상징계를 열심히 살면서 적당히 상상계의 욕망을 충족하면서 균형 있게 사는 것이다.


라캉은 상상계를, 상징계 속에 구멍을 만들어 내고 이 구멍을 메우는 아름다운 한 마리의 나비라고 했다. 어른이 되면 주로 상징계

◆ 라캉의 3계

의 인간으로 살아가지만, 상징계도 완전한 세계는 아니어서 상상계의 구멍이야말로 상징계의 불완전함을 지탱해 줄 자아의 영역이 된다. 덕질이든 쇼핑이든 무모한 짝사랑이든 상징계적 시선으로 보면 돈 낭비, 시간 낭비하는 것 같은 가치 없어 보이는 구멍이야말로 메말라 위태로운 상징계를 버티게 해 주는 힘이 된다. 상상계가 있어 우리는 무너지지 않을 수 있다.

엘리베이터에서 만난 아기가 손으로 총 모양을 만들어 '빵' 하고 쐈을 때 '으악' 하며 죽는 시늉을 해 줄 수 있다면, 본인의 상상계적 구멍에 자부심을 가져도 좋다. 상상계적 구멍이 있는 당신은 빡센(?) 상징계를 웃으며 버틸 수 있을 것이다.

내 안에 소중한 혼자만의 장소가 있어

아직은 별거 아닌 풍경이지만

조금만 기다리면 곧 만나게 될걸

이 안에 멋지고 놀라운 걸 심어 뒀는데

아직은 아무것도 안 보이지만

조금만 기다리면 알게 될 거야

― 오마이걸 <비밀정원>에서

## 슬픔을 제거하는 법

feat. 바뤼흐 스피노자 - 코나투스

'시발비용'이라는 말이 있다. 스트레스를 받아 지출하게 된 비용을 일컫는 단어로, 비속어인 '시발'과 '비용'을 합친 단어로 '스트레스받지 않았으면 발생하지 않았을 비용'을 뜻하는 신조어다. 즉, 고통과 슬픔 같은 부정적 기분을 없애는 데 드는 비용을 의미한다. 비속어가 나올 만큼 화가 날 때 돈을 써서라도 화를 씻어 내 감정의 균형을 유지하려 하는 것이다. 다시 말해 시발비용은 행복을 되찾기 위한 비용이다.

인간의 감정을 철학적 중요 논제로 다루었던 철학자 스피노자(Baruch Spinoza, 1632~1677)는 자신을 행복하게 유지하려는 노력을 '코나투스(conatus)'라고 이름 짓고 인간이 자신의 존재를 보존하고

◆ 코나투스의 균형

지속하려는 성향이라고 했다. 코나투스는 충격, 슬픔, 고통에서 벗어나고 기쁨과 행복을 추구하려는 노력이다. 절망으로 가득 찬 삶은 계속될 수 없다. 슬픔과 기쁨의 균형을 추구하는 코나투스는 인간이 존재를 지속하려는 노력이자 살아남으려는 발버둥이다.

우리가 행복이라 부르는 것 대부분은 느낌이다. 우리는 달콤한 과일의 맛, 낮잠 자고 일어나 개운한 느낌, 친구를 만나러 갈 때의 설렘, 좋은 음악을 들을 때의 즐거운 감정을 좋아하고, 또 원한다. 스피노자는 이런 상태를 '기쁨(joy)'이라고 부르고 그것이 우리가 도달하고자 하는 완전한 상태라고 했다.

이런 좋은 느낌, 기쁨의 감정을 얻기 위해 사람들은 엄청난 노력과 희생을 마다하지 않는다. 잊지 못하는 음식 한 접시를 위해 해외 여행을 가고, 특별한 느낌 때문에 고가의 예술 작품을 구입하기도 한다. 향수, 마사지, 식도락 등도 감각으로 어떤 느낌에 도달하기 위한 일들이다.

덕질도 느낌을 획득하기 위한 활동이다. 덕질의 본질은 사랑인데, 사랑을 하면 기쁨의 감정과 행복한 느낌이 쏟아진다. 우연히 덕질을 시작했더라도 덕질을 하다 보니 행복해져서 계속하게 되는 것이다. 스피노자는 "사랑이란 외부 원인에 대한 관념(idea)에 동반하는 즐거운 상태, 기쁨일 뿐이다"*라고 했다. 사랑이란 대상 때문에 생긴 아이디어(idea)로 행복해지는 기쁨이다. 사랑의 정의인데 마치 덕질을 설명하는 듯하다. 말 그대로 덕질은 대상을 사랑해서 기쁘고 행복함을 느끼는 일이다.

시인 워즈워스의 표현을 빌리자면 사랑은 "혈액을 따라 흐르는, 심장과 함께 느껴지는 달콤한 감각"이다. 이런 감각은 우리를 고요하게 회복시킨다.** 학교, 회사, 타인에게서 받은 스트레스와 고통을 희석해 준다.

우리는 나를 기쁘게 해 주는 사람과 일을 적극적으로 찾아다닌

* 안토니오 다마지오, 『스피노자의 뇌』, 임지원 옮김, 사이언스북스, 2007, 18쪽.
** 안토니오 다마지오, 『느낌의 진화』, 임지원·고현석 옮김, 아르테, 2019, 146쪽.

다. 고양이 덕후는 고양이의 고소한 발 냄새, 따뜻한 온기, 쓰다듬을 때의 촉감과 교감 같은 것이 내 지친 하루의 고단함을 씻어 주고 기쁨을 준다는 것을 발견한 사람이다. 덕후는 애니메이션이든 와인이든 야구든 무엇이든지 간에 자신에게 행복과 기쁨을 주는 대상을 찾아낸 사람이다.

한편, 스피노자는 외부 요인에 의해서 발생한 기쁨과 슬픔을 경계했다. 왜냐하면 타인에 의해 발생한 감정은 타인이 나를 지배할 수 있게 하기 때문이다. 환경과 타인에게 감정을 지배당할수록 판단력을 잃고 자신의 능력을 증대시킬 수 없다고 했다. 자존감을 잃고 실패만 경험하게 된다는 것이다. 특히 외부 요인으로 인한 공포나 고통, 슬픔 같은 부정적 감정은 내 의지로 통제할 수 없기 때문에 더 위험하다. 슬픔의 원인이 외부에 있을 때 슬픔을 없애는 방법은 기쁨처럼 더 큰 반대 감정으로 슬픔을 억제하거나 중화하는 것이라 했다.

더 주도적으로 슬픔을 없애는 방법은 내가 슬픔에 지배당한 상태를 파악하는 것이다. 스피노자는 "우리가 슬픔의 원인을 이해함에 따라서 슬픔은 정념이기를 멈춘다. 다시 말해 슬픔이기를 멈춘다"라고 했다. 슬픔의 원인을 이해하는 순간 그것은 더 이상 나에게 슬픔을 주지 않게 된다. 우리는 슬픔을 이해함으로써 그로부터 능동적인 정서를 끌어낼 수 있게 된다.* 슬픔을 주는 원인, 내가 슬픔을 느끼고 있는 상태를 바라보는 것은 슬픔을 능동적으로 통제할 수 있게 해 준다.

스피노자는 자신의 감정을 자신이 통제하기 위해서는 적합한 관념(idea)을 가져야 한다고 했다. 이 말은 자신이 원하는 감정을 얻을 수 있는 지적 능력과 행동에 대한 공식을 갖고 있어야 한다는 뜻이다. 자신의 노력과 능력으로 만들어 낸 치유 아이디어가 있어야 내 감정에 휘둘리지 않고 지배할 수 있다. 달리고 나면 뿌듯한 기분이 산출된다는 어떤 공식 같은 것이다.

긍정적 감정을 만드는 방법은 수동적 방법과 능동적 방법이 있는데 수동적 방법은 외부 요인에 의해 기쁨을 얻는 것이고 능동적 방법은 내 능력으로 노력하고 실행하여 긍정적 감정을 얻는 방법이다.

수동적으로 긍정 감정을 만드는 방법에는 케이크나 초콜릿처럼 단 음식을 먹거나 웃기는 영화를 보는 등 외부 자극에서 기쁨을 얻는 것이 있다. 일반적으론 덕질도 외부 대상에 의해 얻는 기쁨이다.

* 손기태, 『고요한 폭풍, 스피노자』, 글항아리, 2016, 107쪽.

| 수동적 긍정 감정 만들기 | 능동적 긍정 감정 만들기 |
| --- | --- |
| ★ 케이크, 초콜릿 먹기 | ★ 운동 |
| ♥ 웃기는 영화 보기 | ♥ 책 읽기 |
| ♣ 쇼핑 | ♣ 목표 달성 |
| ♨ 덕질 | ♨ 주도적 덕질 |

◆ 슬픔을 제거하는 방법 - 긍정 감정 만들기

능동적으로 긍정 감정을 만드는 손쉬운 방법으로는 30분의 산책, 책 10장 읽기, 3분간 양치하기 같은 것이 있다. 난도를 조금 더 높이면, 며칠간 택시 안 타기, 배달 안 시키기, 책 1권 이상 읽기 같은 방법도 있다. 이런 행동들은 자신의 지성과 노력으로 자존감과 성취감 같은 긍정 감정을 만드는 공식이다. 스피노자는 이런 능동적 감정 창조가 부정적 감정을 본질적으로 제거할 수 있다고 보았다.

덕질은 외부 요인에 의해 즐거워지는 수동적 긍정 감정이지만 내 노력과 의지를 투입하여 공식화하면 능동적 감정 산출로도 충분히 바꿀 수 있다. 1등을 하면 PC방에서 밤샘하기 같은 동기부여 공식을 만들거나, 10킬로그램 체중 감량에 성공하면 해외 콘서트 가기처럼 목표 설정과 덕질을 맵핑하여 능동적 감정 창조로 바꾸는 것이다. 대상에 의존하지 않고 대상을 통해 자기 자신의 즐거움과 기쁨을 창출하는 공식을 만들어 낸다면 덕질도 능동적 감정을 만드는 기술이 된다.

덕후가 쓰는 말 중에 '어덕행덕(어짜피 덕질할 거 행복하게 덕질하자)'이라는 말이 있다. 외부 요인에 감정을 휘둘리지 않고 행복을 찾는 덕질 공식을 갖자는 뜻이다. 덕질에도 여러 가지 고통과 슬픔이 발생하는데 그런 어려움을 극복할 나만의 공식이나 비결이 필요하다는 것이다.

덕질에서든 일상에서든 슬픔과 고통을 없애기 위해서는 반복되는 슬픔과 고통에 대한 이성적 판단과 정리된 전략이 필요하다. 깊이 있는 고민과 노력으로 얻어진 나만의 대책이야말로 부정적 감정에 맞서 싸울 무기가 될 수 있다.


스피노자는 "존재할 수 없는 것은 무능력이고, 반대로 존재할 수 있는 것은 능력이다"라고 했다. 어떤 사물이 존재한다면 이미 그 사물은 자신의 능력을 표현한 것이다. 왜냐하면 존재 자체가 자신의 능력을 증명하기 때문이다.

만약, 정말 1시간도 버티기 힘든 고통 속에 있거나 존재를 유지하는 것만으로도 박수를 받아야 할 정도의 상황이라면 오래 가만히 숨 쉬고만 있어도 괜찮다. 이렇게 적극적으로 긍정적 감정을 생산할 힘이 없을 때는 덕질이 도움을 줄 수 있다. 외부 요인으로 얻는 수동적 기쁨이라도 다시 일어서기 위한 큰 힘이 될 수 있다.

스피노자의 철학에 따르면 기쁨을 제공해 주는 대상을 찾는 일은 내 존재를 슬픔과 고통에서 스스로를 구하는 일이다. 그 대상이 내게 기쁨이라는 것을 깨닫는 것은 자신의 존재 유지에 도움을 주는 큰 통찰이다. 그리고 그것은 덕질이 될 수도 있고 취미 생활이나 운동이 될 수도 있다. 영혼을 구원하는 노력은 '선(善)'이다. 나를 하루 더 살게 하는 것이 미덕이자 덕목이다. 많은 사람이 고3 시절 같은 힘든 시기에 덕질에 더 치열하게 빠져드는 이유는 그만큼 스트레스와 고통이 많기 때문일 것이다.

각각의 존재는 자신의 힘으로 존재할 수 있는 한, 존재하는 상태로 버텨 내고자 각고의 노력을 기울인다. 그리고 각 존재가 존재하는 상태로 버텨 내기 위한 노력(코나투스)이 바로 존재의 정수다.* 덕질이 아니더라도 나를 진정으로 기쁘게 하는 것을 찾으려는 노력은 존재를 유지하기 위해, 생존을 위해 필수적인 일이다.

> 덕(virtue, 착함)의 일차적 기반은 자기 자신을 보존하고자하는 노력이고, 행복은 자신의 존재를 유지하고자 하는 능력에 있다.**

---

* 안토니오 다마지오, 『느낌의 진화』, 54쪽.
** 안토니오 다마지오, 『스피노자의 뇌』, 200쪽.

## 나(I)는 네 마음에 비친 나(me)?
## : 네임드와 인정투쟁

feat. 조지 허버트 미드 - I & me 이론, 악셀 호네트 - 인정투쟁

스타를 사랑하는 마음은 어느 팬덤이나 같겠지만, 걸그룹 러블리즈 팬들의 열정은 특히 유명하다. '아추'는 러블리즈 팬이 개발한 프로그램으로 악플을 쓴 사람의 IP를 추적한다. 이 프로그램 덕분에 팬들은 자신의 스타에게 악플을 다는 사람을 찾아낼 수 있게 되었다. 이 프로그램을 개발한 러블리즈 팬은 다른 팬덤에게까지 감사 인사를 받을 정도로 유명해졌다. 또 다른 러블리즈 팬은, 손익분기점을 넘길 수 있는 방안을 담은 PPT 기획안을 소속사에 전달함으로써 러블리즈의 콘서트 실황 DVD를 발매시킨 적도 있다.

이렇게 프로그램을 개발한 팬, 기획안을 만든 팬은 어떤 개인적 이득도 얻지 못했지만 팬덤 내에서 그 공로를 인정받아 유명인, 네임드가 되었다. 네임드란, 이름이 알려졌다는 뜻으로 덕후 사이에

서는 팬덤 내 유명한 팬을 부르는 말이다. 스타의 사진과 영상을 찍거나, 경기를 분석하거나, 짤을 제작하거나, 일러스트를 그리는 등 뛰어난 콘텐츠를 만들거나 팬덤에 기여한 공로를 인정받아 많은 수의 팔로워를 보유한 팬들이 주로 네임드가 된다.

팔로워 수는 곧 인기의 척도이자 인정의 크기다. 하지만 덕후 사이에서 콘텐츠 제작 능력을 인정받아 10만 팔로워를 거느리고 있는 네임드도 실제 사회에서는 별로 눈에 띄지 않는 평범한 사람일 수도 있다. 10만 팔로워의 인정은 덕후 그룹이라는 한정된 집단에서의 인정이기 때문이다.


미국의 사회심리학자 조지 허버트 미드(George Herbert Mead, 1863~1931)는 자아에 대한 가장 중요한 사회학적 접근법을 개발했다. 미드에 따르면 사람은 사회가 나에 대해 가진 인상을 통해 자아를 먼저 인식한다. 타인이 가진 나에 대한 인상이 내 자신에 대한 최초의 자아를 형성한다는 것이다.

엄청나게 잘생긴 A를 예로 들어 보자. 잘생긴 얼굴로 태어났지만 마치 영화 <트루먼 쇼>(1998)에서처럼 모든 사람이 A에게 잘생겼다는 말을 하지 않기로 약속했다고 가정해 보자. 어린 시절부터 단 한 번도 잘생겼다는 말을 듣지 못한 A는 어른이 되었을 때, 과연 자신이 잘생겼다는 자의식을 가질 수 있을까? A는 아마도 자신이 잘생겼다는 자의식이 없을 가능성이 높다. 사람들이 "너는 잘생겼어"라고 말해 주어야 비로소 '나는 잘생겼다'라는 나에 대한 인식이 생겨나기 때문이다.

이에 조지 허버트 미드는 자아(Self)를 다음의 두 가지로 나눴다. 나에 대한 인식이자 주격 나를 가리키는 'I', 그리고 사람들이 보는 나이자 목적격 나를 가리키는 'me'. 우리는 일반적으로 주격 나(I)를 스스로 형성하기 전까지 다른 사람들의 눈에 비친 목적격 나(me)를 보고 자아를 형성한다.

어린아이는 최초의 사회인 가정에서 부모의 눈에 비친 모습인 '목적격 나'를 보고 자의식을 형성한다. 부모가 자존감 도둑이었다든가 부모가 믿어 줘서 해낼 수 있었다든가 하는 이야기는 자식에 대한 부모의 반응이 자아 형성과 자존감에 미치는 영향을 보여 준다. 부모가 '나'를 어떻게 보고 있는가가 '주격 나'에 대한 최초의 이미지와 개념을 만든다. 이것이 미드가 말하는 1차 사회화 과정이다.

2차 사회화는 사회 속의 작은 그룹들에서 이루어진다. 미드에 따르면 학교 같은 집단에서 그들이 원하는 가치를 만들고 역할을 수행하는, 그들이 평가하는 '목적격 나'를 보면서 '주격 나'에 대한 개념을 정립한다고 했다. 성적처럼 사회가 나를 평가하는 척도가 뛰어나면 자아 인식이 높아지고 자존감이 발달하는 것이다.

◈ 주격 나(I)와 목적격 나(me)

하지만 사람이라면 누구나 '목적격 나'에서 독립한 '주격 나'를 정립하고자 하는 욕구가 있다. 사회가 반사한 내 모습 대신 내가 만든 자신의 모습을 세상에 증명하고 싶은 욕구가 있다. 자신의 의지대로 삶을 이끌어 가려는 본능인 '주격 나'의 욕구가 커지면 타인의 관점을 수용하는 '목적격 나'와의 긴장을 일으킨다.

조지 허버트 미드의 이론을 재정립하여 '인정투쟁'이라는 테제(these, 논리를 전개하기 위한 최초의 명제)를 만든 사회학자 악셀 호네트(Axel Honneth, 1949~)는 "'주격 나'는 사회적으로 규정된 '목적격 나'와는 다른 어떤 부분을 인정받으려는 투쟁에 서 있다"*고 했다.

★  악셀 호네트, 『인정투쟁』, 이현재·문성훈 옮김, 사월의 책, 2011, 16쪽.

'목적격 나'의 인정 요소인 학교 성적은 좋지 않지만, 팬아터(덕질하는 대상을 이미지로 창작하는 아티스트)로 활동하는 '주격 나'의 능력은 많은 팬들에게 칭송받고 인정받는 것이 그런 예다. 성적 때문에 줄어든 자존감을 팬아터로서 받은 인정에서 오는 우월감으로 채울 수 있다.

덕후계는 주도적이고 창의적이며 내면의 열정이 주도하는 '주격 나'와 사회적 기대와 역할의 '목적격 나'가 일치하는 이상적 공동체이다. 또한 그룹의 주어진 역할 기대가 내가 주도적으로 하고자 하는 내 정체성과 일치하는 곳이자 '주격 나'의 인정투쟁이 승리할 수 있는 사회다.

예를 들어, 출시된 지 20년 된 복고 아케이드 게임 덕후가 새로운 맵을 개발했다면 그 맵의 혁신성과 창의성은 게임 덕후 그룹에서는 충분히 인정과 찬양을 받을 수 있다. 좋아해서 주체적으로 한 일인데 그 일이 덕후 사회가 원하는 일이 된 것이다. 좋아하는 일에서 인정받는 경험은 긍정적 자기 인식에 큰 영향을 미친다. 사회에서 주어진 역할에서의 인정이 아니라 좋아하는 일에서 인정을 받는 것은 내 주체성, '주격 나'에 대한 인정이다.

'주격 나'는 세상에서 자신을 지탱하는 힘이다. 나의 경험과 의지로 만들어진 '주격 나'는 사회에 알려진 '목적격 나'와 소통하며 세상에 대응한다. 억울하게 세상의 비난 공세를 받더라도 자신을 존중할 수 있는 굳건한 '주격 나'가 있다면 버틸 수 있다.

　자신 내부의 가장 깊숙이 있는 의식으로 돌아가서 우리의 자기 존중을 지탱해 주는 것을 찾는 것은 매우 흥미로운 일이다. 분명 깊고 확실한 토대가 존재한다. 우리는 언어나 복장 습관, 엄청난 기억력 그리고 우리를 우리에게 유익한 방식으로 다른 사람들과 구별시켜주는 이러저러한 것들의 힘으로 자신을 지탱하고 있다.* '주격 나'는 나를 버티게 해 주는 힘이다.


　자아(Self)는 '주격 나'와 '목적격 나'의 소통을 통해 만들어진다. 자아는 '주격 나'와 '목적격 나'의 화학적 결합이다. 결국 삶은 자신이 주체적으로 만드는 '주격 나'를 확립하고 '목적격 나'와 화해하고 융합하는 과정이다. 자신이 원하는 정체성을 인정하는 것이 자기와의 화해를 만들어 내는 힘이다. 그것이 인정투쟁이 필요한 이유다.

　우리는 '주격 나'를 인정해 줄 공동체가 필요하다. 누구나 자아 우월감을 만들어 낼 성적 1등과 사회적 성공을 가질 수 있는 것은 아니므로. 꼭 덕후 사회가 아니더라도 우리는 '주격 나'가 실행될 사회와 욕망을 실행한 경험이 필요하다. '주격 나'는 주체적 자유의

---

*　George A. Mead, *Geist, Identität und Fesellschaft*, p. 240, p. 249. 인정투쟁 재인용.

◈ 자아(SELF), 주격 나(I), 목적격 나(me)

측면이자 내가 만든 나의 의미와 가치다. 자아는 '목적격 나'만으로는 구성될 수 없고 반드시 '주격 나'와의 균형이 필요하다.

사춘기의 반항도 사회화 단계에서 자녀라는 사회적 역할의 '목적격 나'에 대한 '주격 나'의 인정투쟁이다. '주격 나'에 대한 인정 욕구가 생겨나면서 자녀, 학생이라는 수동적 사회 역할에 반감을 갖게 되는 것이다. 친구들과의 사회나 다른 작은 그룹들에서 주체적인 '주격 나'를 만들고 경험하고 키워 가면서 '목적격 나'와 화해하고 결합하여 자아를 만들어 가게 된다.

회사를 때려 치우고 세계 여행을 떠난 여행가, 명문대를 그만두고 회사를 차린 사람처럼 관점에 따라 일탈로 보이는 이런 일들은, 쏟아지는 목적격 나의 폭격 속에 나를 지킬 수 있는 '주격 나'를 살리기 위해 버티는 도전이다. '나(I)'는 네 눈에 비친 '나(me)'로만은 살 수 없기 때문이다.

## 욕망하는 것을 욕망한다

feat. 자크 라캉 - 주이상스

게임 리그 오브 레전드에서는 실력별 등급을 '티어'라고 부르는데 초보자의 등급은 아이언, 최고수 등급은 챌린저라고 부른다. 게임 내 초보 게이머들은 더 높은 등급으로 오르길 욕망한다. 높은 등급이 결핍된 초보들은 고수처럼 보이는 높은 등급이 되고 싶어 한다.

게임뿐 아니라 모든 덕질은 결핍에서 오는 욕망을 즐기는 놀이적 요소가 있다. 콘서트 1열 좌석 티켓팅 성공, 한정판 구입 도전, 시즌 우승, 챌린저 등급 달성처럼 성공에 대한 결핍은 욕망하는 쾌

◈ 리그 오브 레전드 - 티어 등급

감을 고조시킨다. 복권을 사는 것도 당첨될 확률을 사는 것이 아니라 당첨을 욕망하는 쾌감을 사는 것이다. 복권은 당첨되기를 바라는 욕망에서 오는 쾌감이 큰 반면에 값이 싸서 가성비가 좋은 욕망놀이다. 단돈 몇천 원에 일주일을 상상하는 즐거움으로 채울 수 있으니 갓성비가 아닐 리 없다!

금지되거나 한정되거나, 욕망의 달성이 어려울수록 고통스럽지만 욕망하는 기쁨은 더 커진다. 노는 게 가장 재미있는 날은 시험 전날이고 인생을 말아먹는 게 가장 맛있는 시기는 고3이며 칼로리가 높을수록 맛있는 건 금지와 한정 덕분이다.

철학자 자크 라캉은 욕망이 달성되지 않는 고통을 즐기는 것을 '주이상스(jouissance)'라 이름 붙였다. 희열을 나타내는 프랑스어인 주이상스는 라캉의 철학에서는 '고통받는 것을 즐기는 쾌락'이라는 뜻으로 쓰인다. 고통스럽지만 역설적으로 만족을 얻게 되는 상태를 말한다.

덕질은 고통이 있는 쾌락을 즐기는 주이상스적인 요소가 있다. 콘서트 좌석을 얻기 힘들수록, 우리 팀의 우승 확률이 낮을수록 고통스럽지만 욕망하는 쾌락은 커진다. 특히 덕질에서 시각적 아름다움, 구현하기 힘든 기술에서 오는 아름다움은 반드시 쾌감을 주는데 그것의 가질 수 없음, 달성의 어려움, 희소성이 걸림돌이 되어 주이상스가 되는 것이다.

금지와 장애물이 없다면 욕망은 줄어든다. 연애에서 밀당은 의도적으로 금지와 장애물을 만들어 상대가 나를 더 욕망하게 하기 위한 테크닉이다. 금지와 장애물은 욕망의 불쏘시개이자 장작이다. 로미오와 줄리엣은 양가의 반대 때문에 더 불타올랐다. 주이상스는 더욱 욕망하게 하는 장치이다.


또한 라캉은 주이상스에 마르크스의 『자본론』에 나오는 잉여가치의 개념을 추가하여 '잉여 주이상스'라는 개념도 만들어 냈다. 주이상스가 고통을 포함한 쾌락이라면 잉여 주이상스는 영원히 만족 없는 쾌락이다. 영원히 만족할 수 없어서 영원한 만족을 향해 삶을 계속하게 하는 장치인 것이다.

『자본론』에서 카를 마르크스가 이야기한 '잉여가치'는 노동자가 10의 임금을 받고 15를 생산해서 만들어 낸 5만큼의 추가 가치를 말한다. 여기서 5는 자본가의 주머니로 들어가는 잉여가치가 된다. 이때 노동자는 아무리 일해도 부자가 될 수 없고 무한 노동의 루트에 빠지게 된다.

라캉의 잉여 주이상스는 1만큼만 욕망하면 되는데 10만큼 욕망하는 것이다. 잉여 주이상스는 '잉여쾌락(surplus pleasure)'이라고도 하는데 직역하면 과잉 기쁨이다. 예를 들어, 사람들은 1만 원짜리 신발을 신어도 외부 활동을 하는 데 전혀 지장이 없지만, 10만 원짜리 나이키를 신는다. 9만 원만큼 더 욕망하는 것이 바로 잉여쾌락이다. 이 잉여쾌락에는 과시 쾌감, 착용 쾌감 등 쾌감을 주는 다양한 이유가 있겠지만 9만 원어치까지는 안 된다. 잉여쾌락은 단지 필요 이상으로 욕망하는 것을 목적으로 하기 때문에 비싼 것을 아무리 많이 사도 결핍은 채워지지 않는다. 10만 원짜리 신발을 사고 나면 30만 원짜리 신발이 사고 싶어진다. 잉여(surplus) 그 자체, 즉 과잉이 목표인 쾌락이기 때문이다. 배고프지 않지만 뭔가 먹고 싶고 필요한 건 없지만 뭔가 사고 싶은 것은 잉여쾌락, 즉 과잉 기쁨 때문이다.

요즘엔 과소비를 자랑할 때 "플렉스했어"라고 말한다. 이는 잉여쾌락의 대표적 행위다. 과잉을 즐기는 것이다. 필요보다 과잉으로 구입한 것 자체에 쾌감이 있다. 과잉한 금액이 클수록 쾌감은 커진다. 명품 구입의 쾌감도 잉여하는 쾌감, 잉여쾌락이다. 더 불필요할수록 더 플렉스할 수 있다. 강아지 꼬리용 샤넬 모자 같은 물품처럼 실제 사용가치가 없을수록, 가격이 비쌀수록 잉여쾌락은 커진다. 왜냐하면 잉여쾌락은 달성되지 못하는 욕망을 즐기는 것이기 때문이다.

고통을 즐기는 쾌락이 주이상스라면 영원히 달성되지 못하는 것을 즐기는 잉여 주이상스는 욕망을 달성하는 순간 다른 욕망이 생겨나는, 채워도 채워지지 않는 구멍 난 항아리다. 영원히 도달 불가능한 욕망이 잉여쾌락이다.

네덜란드 출신의 수학자이자 판화가인 M.C 에셔의 작품 <폭포(Waterfall)>는 영화 <인셉션>(2010)에 영향을 미친 그림으로도 유명하다. 초현실적인 이 그림은 폭포를 통해 아래로 떨어진 물줄기가 올라가서 또다시 폭포가 되어 떨어지는 무한 루프를 그리고 있다. 물줄기가 다 올라온 순간 폭포가 되어 떨어져 버리니, 영원히 채워질 수 없는 잉여 주이상스처럼 채워지기 직전에 사라져 버려 영원히 채워질 수 없다. <위와 아래(Up and Down)> 역시 분명 정상에 올라왔다고 생각하는 순간 다시 내려가기가 시작되는 무한 반복의 순환을 나타낸 그림이다. 두 그림에 설정되어 있는 독특한 장치의 목적은 폭포의 정상, 계단의 정상에 도달하기가 아닌 무한 순환이었을 것이다. 마찬가지로 잉여 주이상스도 욕망의 충족이 아닌 욕망이 충족되지 않아 영원히 욕망하게 하는 것이 목표다.

덕질도 잉여 주이상스처럼 욕망의 완전 충족(full)이 결코 달성되지 않기 때문에 영원히 계속할 수 있다. 덕질의 위대함은 끝없이 욕망할 수 있는 데 있다. 아무리 주변에서 "그 가수가 너한테 밥을 줘, 돈을 줘? 네 인생에 무슨 도움이 되니!"라고 이야기해도 덕후는 크

◆ M.C 에셔의 그림을 오마주해 반복의 순환을 나타낸 그림

게 흔들리지 않는다. 덕후에게 가수는 삶을 포기하지 않고 욕망하게 하는 데 도움을 주는 존재다. 욕망이 없을 때 욕망하게 만드는 것만큼 삶에 의지가 되는 것은 없다.

덕후가 아닌 사람에게도 삶을 계속 이어 갈 수 있게 하는, 영원히 달성되지 못하는 욕망이 있다. 영화 <오즈의 마법사>(1939)의 OST <오버 더 레인보우>에서는 무지개 너머 어딘가에 마음으로 꿈꾸면 이루어지는 곳이 있다고 노래한다. 하지만 끝내 주인공 주디는, 별을 보고 소원을 비는 그 자체의 희망과 환상이 삶을 이끌어 갈 뿐 무지개 너머에 꿈의 나라는 없다는 것을 깨닫게 된다. <오버 더 레인보우>는 환상으로서의 가치만 있었던 것이다.

카프카의 소설 『성(城)』에서도 비슷한 이야기를 그리고 있다. 주인공 K는 성에 입성하는 것이 줄곧 자신의 목표인 줄 알았지만 성으로 향하는 긴 여정이 곧 자신의 도전이었다. 사막의 신기루처럼, 무지개 너머 환상의 나라를 꿈꾸는 우리는 힘들지만 한 걸음 한 걸음 계속 나아간다. 잉여 주이상스는 우리를 한 걸음 더 내딛게 해 준다.

나훈아 노래에 등장할 만큼 우리에게 친숙한 고대 그리스의 철학자 소크라테스는, 인간의 고통이 결핍에서 오는 것이라고 했다. 그리고 고통에서 벗어나는 방법은 결핍을 쾌락으로 채우려는 욕망을 버리는 것이라고도 했다. 이 말은 우리가 영원히 고통에서 벗어날 수 없다는 뜻이기도 하다. 욕망은 곧 삶에 대한 욕망이기 때문이다.

누군가 갖고 싶은 것이 없냐고 물었을 때, "아무것도 사고 싶은 게 없어"라고 말한다면 그것은 위험 신호다. 욕망이 끝나는 곳에서 삶도 끝나기 때문이다. 고통을 품은 쾌락(주이상스)을 달성하려는 불가능한 욕망(잉여 주이상스)을 무한 반복하는 것이 삶이다. 삶은, 욕망하지만 다 갖지 못하는 고통인 주이상스와 잉여 주이상스가 이끌어 간다.

일상이 권태로울 때 달성 불가능한 목표를 세우거나 일부러 장애물을 투입시키면 삶은 흥미진진해진다. SNS 프로필에 '설날까지 운동 100회' 같은 도전 목표를 적는 순간, 삶에 장애물이 투입된다. 내가 만든 목표이자 고통이 삶을 치열히 욕망하게 할 것이다.

# 손민수와 욕망 삼각형

feat. 르네 지라르 - 욕망 삼각형

홍대나 가로수길을 지나다 보면 가끔 패셔너블한 사람들이 1킬로미터씩 길게 줄 서 있는 것을 볼 수 있는데, 주로 나이키 같은 인기 브랜드의 한정판 제품 출시일인 경우가 많다. 선착순 판매가 아니라 추첨권만 주는 경우도 있다. 그런데도 텐트까지 치면서 거리에서 밤을 지새우는 사람이 부지기수다. 스타벅스 MD나 콘서트 한정판 굿즈를 사기 위해 새벽부터 줄을 서기도 한다. 사람들은 왜 이렇게 애써서 그것을 얻고 싶어 하는 걸까?

팬이나 마니아라면 그 제품을 갖고 싶어 하는 것이 당연하지만, 어떤 이유에서인지 더 불타오른다면 그 이유는 제품의 개수가 한정되어 있기 때문일 것이다. 한정은 그것을 갖고 싶은 욕망에 기름을 붓는다. 한정된 수량은 탈락자를 만들어 내고 탈락자의 안타까

움만큼 차지한 자의 만족은 커진다.

라캉의 욕망 이론에 영향을 미친 철학자 알렉상드르 코제브는 욕망이 만족되기 위해서는 타인에 의한 인정이 절대적으로 필요하다고 했다. 타인의 인정을 통해 만족을 느낀다는 것이다. 한정판의 경쟁이 치열할수록 탈락자들이 부러워할수록 획득했을 때의 만족감이 커진다. 그런데 타인의 부러움을 즐기는 데에는 부작용이 있다. 내 욕망보다 타인의 욕망을 좇게 되는 부작용이다. 내가 진심으로 갖고 싶은 것이 아니라 남들이 더 많이 부러워할 만한 것을 선택하는 것이다.

슈퍼스타의 비밀 연인이 SNS 같은 곳에서 자신이 슈퍼스타의 연인이라는 것을 슬쩍 티를 내는 상황이 종종 발생한다. 이렇게 티를 내는 이유는 팬들의 거대한 욕망(스타)을 자신이 독차지하고 있다는 것을 과시하기 위해서다. 어쩌면 비밀 연인 중에서는 그 스타를 정말 사랑해서라기보다 많은 팬이 원하는 사람이기 때문에 부러움을 받고 싶어서 사귀는 경우도 있을 수 있다.

습관적으로 타인의 욕망을 욕망하게 된 사람은 타인의 인정을 받아야 만족할 수 있다. 내 만족이 아니라 타인의 인정에 매달리는 욕망을 좇게 되면 비싸고 좋은 것을 사도 남들이 부러워해 주지 않으면 행복해질 수가 없다. 이를 두고 철학자 코제브는 내가 가진 가치가 타인의 욕망이 되길 욕망하는 것이라고 했다. 남들이 부러워하기 때문에 욕망하는 것이 욕망의 특징이라는 것이다.

한정판 상품(물량 한정)이나 시즌 상품(시즌 한정) 등은 자신의 욕망을 타인의 욕망에 종속시키는 심리를 이용한 마케팅 전략이다. 줄이 길게 늘어선 가게에 가 보고 싶고, 대세에 편승하고 싶은 것은 다 이런 심리다. 특히 덕후계 상품은 한정판이 많고 서로의 욕망을 욕망하게 하는 시스템으로 돌아간다.

코제브가 인간이 타인의 욕망을 욕망한다고 보았다면, 철학자 겸 문학평론가 르네 지라르(René Girard, 1954~2015)는 인간은 직접 욕망하지 못하고 욕망 매개자를 모방함으로써만 욕망한다고 보았다.


덕후 사이에 쓰는 용어로 '손민수'라는 말이 있다. tvN에서 방영했던 드라마 <치즈인더트랩>의 등장인물 손민수(윤지원 분)에서 유래한 말인데, 주로 '손민수했다' 같은 용례로 쓰인다. 드라마의 조연 손민수는 주인공 홍설(김고은 분)의 패션과 머리 스타일 등 모든 것을 따라 하는 인물이다. 이 인물의 이름에서 따온 '손민수'라는 표현은 스타가 착용한 패션이나 소지품을 따라 사는 것을 말한다.

손민수는 남자들에게 인기가 많고 똑똑한 홍설을 보며 홍설을 따라 하고 그녀가 가진 재능을 욕망한다. 사실 손민수는 인기, 지능, 패션 감각을 욕망하지만 욕망 자체를 욕망하지 않고 홍설이라는 욕망의 매개자를 모방하는 것이다. 손민수는 홍설의 머리 스타일을 따라 하고 똑같은 옷을 사 입고 과제 PPT를 베낀다.

손민수의 이런 행동은 르네 지라르의 욕망의 삼각형으로 설명할 수 있다. 일반적으로 우리는 욕망의 대상을 직접 욕망하지 않고 욕망 매개자를 모방함으로써 간접적으로 욕망한다는 것이다.

사람들은 먹방을 보면서 맛있는 음식을 먹는 것을 욕망한다. 곱창 조리법보다는 곱창을 먹는 방송을 보며 더 크게 욕망한다. 유튜버는 욕망의 대상이 아니라 욕망의 매개자이자 판매자다. 하와이 풍경을 비추는 다큐 방송 대신 직접 하와이 여행을 가는 유튜버를 보면서 하와이를 욕망한다. 사람들은 욕망의 매개자를 욕망함으로써 욕망하는 기술까지 배울 수 있기 때문에 더 큰 재미를 느낀다.

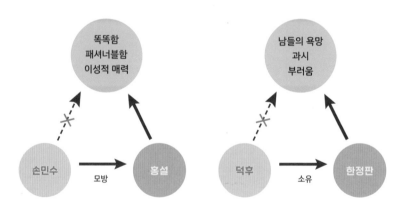

◈ 손민수 욕망 삼각형, 한정판 욕망 삼각형

덕질에서도 욕망을 모방하는 것은 놀이로 인식되며, 서로의 욕망을 모방하는 것을 즐긴다. 뮤직비디오 리액션 영상을 감상하거나 덕질 투어 영상을 감상하는 것은 서로의 욕망과 욕망하는 기술을 모방하는 일이다. 기념비적인 경기를 직관하고 온 후기에 달린 '안구 공유 좀……' 같은 댓글은 욕망의 모방을 즐기는 행동이다.

'유행'도 타인의 욕망을 모방하는 놀이다. 다들 숏 패딩을 입으면 너도나도 숏 패딩을 입고, 친구들이 모두 '쿠키런' 게임을 하면 나도 '쿠키런'을 하는 것처럼 유행은 모방의 놀이다.


마르크스가 돈의 순환으로 세상을 설명했던 것처럼 르네 지라르는 '욕망의 모방'으로 세상을 설명했다. 창조된 욕망은 없으며, 모든 욕망은 타인의 욕망을 모방하는 것에서 발생한다는 것이다. 예를 들어, 부모님이 자녀가 의사가 되길 바라는 상황에서 자녀가 의사가 되고 싶은 욕망을 갖게 된다면 이것은 자녀가 부모의 욕망을 모방하는 것이다. 가장 비싸고 인기 있는 것을 갖고 싶은 것도 타인의 욕망을 모방하는 것이다.

르네 지라르 사상의 핵심은, 모든 욕망이 자연발생적 욕망이 아닌 타인의 욕망을 모방한다는 것이다. 그리고 내 욕망이 모방된 것을 인정하는 태도를 가리켜 리얼리즘이라고 했다. '아! 내가 타인들의 욕망을 좇고 있구나' 하고 깨닫는 것이 리얼리즘인 것이다. 그에 따르면 내가 욕망하는 것이 내 욕망이라고 생각하는 것은 낭만적인 생각일 뿐이다. 또 서로 욕망을 모방하다 보니 욕망하는 대상이 같아지고 거기서 경쟁과 폭력이 일어나게 된다.

또한 지라르는 욕구와 욕망을 구분하고 욕망은 모두 모방된 것이라고 했다. 배고플 때 음식이 필요하고 졸릴 때는 잠이 필요한 것처럼, 욕구는 명확한 대상이 있는 원함이다. 욕구는 뭘 먹든 어디서 자든 내가 원하는 것이 채워지면 만족된다. 하지만 욕망은 추상적인 것이다. 배가 고프지만 아무거나가 아니라 '사거리 빌딩 지하에 있는 영희네 비빔국수를 먹어야만 만족할 것 같다'라는 것이 욕망이다. 다시 말해, 욕구의 대상은 음식이라는 실체지만 욕망의 대상은 가상의 목표다.

하지만 막상 영희네 비빔국수를 먹어도 허기가 채워지지 않는 것은 그 욕망이 실체가 없는 가상이기 때문이다. 최고급 자동차를 평생토록 갖고 싶어 했던 사람이 꿈꾸던 스포츠카를 갖게 되었는데도 생각만큼 만족이 되지 않는 이유는, 욕망은 허상이며 욕망하는 자체에 목적이 있기 때문이다. 반면 욕구는 허상이 아니기 때문에 목표를 달성하기만 하면 곧 사라진다. 그렇다면 내가 창조한 욕망은 없는 것일까? 내 본연의 욕망은 없을까?

유튜브 채널 '문명특급'의 대표 콘텐츠 중에 '숨듣명'이라는 코너

◈ 미디어에서 모방된 욕망과 내 마음속 잠재된 욕망

가 있다. 2020년 히트한 이 코너의 명칭인 '숨듣명'은 '숨어 듣는 명곡'의 줄임말이다. 대놓고 듣기에는 민망하지만 좋은 노래들을 주로 소개한다. 여기에 소개되는 곡들은 남들에게 공개하고 싶지 않은 나만의 플레이리스트에 있는 노래이기 때문에 순수하다. 타인에게 과시하려는 의도도 없고 남들의 욕망을 모방하지도 않은 그저 내가 듣고 싶어서 듣는 노래인 것이다. 물론 그것이 '숨든명'이 되면서 또 다른 취향의 과시가 되어 버렸지만.

기본적으로 '숨음(hidden)'이란 욕망의 모방, 욕망의 과시를 차단한다. '숨어 하는'이라는 표현은 '굳이 보여 주고 싶지는 않은' 정도로 해석해도 좋다. 비공개 플레이리스트, 혼자 있을 때 먹고 싶은 음식, 공개 서재에 올리고 싶지 않은 책과 글, 혼자 있을 때만 입는 옷처럼 남들에게 알리고 싶지 않지만 내가 그냥 좋아하는 것들은 본질적인 나의 욕망을 나타낸다. 과시나 유행을 따르기 위함이 아닌, 내가 진짜로 원하는 나의 욕망이다. 물론 어디선가 모방되었을 수는 있지만 그렇다 하더라도 '내가 행복해지는 것'으로 확고하게 판단된 일들이다.

숨어서 하는 일, 혼자서 아무도 없을 때 혼자서 하고 싶은 진짜 당신의 욕망은 무엇인가? 그리고 진짜 당신을 행복하게 하는 일은 무엇인가?

# 환상 능력과 '덕계못'

feat. 지그문트 프로이트, 카를 구스타프 융, 알프레드 아들러,
자크 라캉 - 의식과 무의식의 환상

'덕후는 계를 못 탄다'의 줄임말인 '덕계못'이라는 표현이 있다. 덕후 아닌 일반인은 스타와 잘 만나지고 에피소드가 종종 생기는데, 정작 그 스타를 좋아하는 팬들은 우연히라도 스타를 만나는 일이 없다는 뜻이다. 이것이 덕계못의 법칙이다.

덕계못의 반대말은 '덕후가 계를 탄다'의 줄임말인 '덕계'다. 덕후라면 누구나 좋아하는 덕질 대상과 우연히 만나게 되는 '덕계'를 꿈꾼다. 자신의 욕망이 실현되는 상세한 장소와 상황을 구체적인 형태로 상상하곤 한다. 그러나 '덕계'는 환상이다. 현실에서 일어나기 어려운, 불가능한 일이기 때문이다.

우리에게도 잘 알려져 있는 철학자 슬라보예 지젝은 환상이 주체의 욕망을 실현시키는 시나리오라고 했다. 즉, 환상은 실현을 위

◈ 덕계 (덕후가 계를 탐)

한 욕망이 아니라 불가능하기 때문에 상상만 하는 욕망의 시뮬레이션이다.

덕후는 덕계 같은 환상 작품을 머릿속에서 상영하면서 자신의 욕망을 구체화하는 환상 놀이를 한다. 불가능한 욕망인 환상이 간절함이나 단체의 힘으로 뭉치면 가끔 현실이 되기도 한다. 2019년 애니메이션 <러브 라이브>의 그룹 'Aqours(아쿠아)'의 내한 공연에서 팬들은 애니메이션의 한 장면을 재현했다. 멤버의 호명에 따라 관객석에 무지개색 불빛이 차례로 켜지는 '넘버텐 레인보우'라는 장면인데, 팬들이 실제 공연에서 그 장면을 구현해 낸 것이다. 이 장면이 실현되기까지 팬들의 마음속에선 몇십 번의 리허설이 있었을까? 현실에서 '넘버텐 레인보우'를 재현하고픈 집단의 욕망은 환상을 리허설도 없이 실제로 만들어 냈다.

덕후들이 꿈꾸는 덕계는 언젠가 현실에서 이루어질 수도 있다. 덕후가 아닌 사람들이 자신의 소망을 반복해서 꿈꾸는 일 또한 마찬가지다. 마치 이미지 트레이닝처럼 상상과 환상은 의식 속에서 반복 상영되며 자기 암시를 강화하기 때문이다. 하지만 우리에게는 우리가 알지 못하는 무의식의 욕망이 있다. 내가 원하는데 내가 알지 못하는 무의식의 욕망은 무엇일까?

프로이트, 융, 라캉, 아들러 이 네 명은 철학자가 아니라 모두 비슷한 시기에 활동했던 정신과 의사였다. 이들의 공통점은 무의식을 연구했다는 것이다. 정신과 환자들의 문제는 대부분 무의식에서 발현하기 때문에 정신분석은 무의식을 대상으로 한다.

무의식은 우리가 모르는 우리다. 무의식은 단순히 모르는 것 (unknown)이 아니라 미지의 초능력(the unknown psychic)이다. 우리를 단숨에 무너뜨릴 수도 있는 거대한 힘을 가진 내가 모르는 나의 영혼의 세계다. 정신분석학자 지그문트 프로이트(Sigmund Freud, 1856~1939)는 무의식이라는 영역을 발견하고 활발히 연구한 학자였다. 프로이트는 다소 비극적 세계관을 갖고 있었다. 심리 문제의 대부분이 발달 단계의 고착, 콤플렉스 등에서 오는 것이며 이런 정신과 질환의 치료는 무의식의 환상인 꿈 등을 해석하며 무의식을 파악하여 말로 표현하는 통찰을 통해 해소할 수 있다고 보았다. 프로이트는 증상을 언어화하여 명료히 함으로써 제거하려고 했다.

한편 카를 구스타프 융(Carl Gustav Jung, 1875~1961)은 무의식을 지혜로 보았다. 그가 시초가 된 분석심리학에서 사용하는 'MBTI(성격유형검사)' 등의 기법처럼 자신에 대한 이해와 개성화를 통해 문제를 해결하고자 했다. 혈액형이나 MBTI는 좋고 나쁨이 아니라 다름의 유형이다. 각자의 개성에 따라 나타나는 무의식의 일들을 문제가 아니라 해결과 발전의 실마리로 삼을 수 있다고 본 것이다. 환자들의 무의식을 기술한 것을 환상이라고 부르며 환상의 해석과 분석을 통해 환자들의 문제를 해결하고자 했다.

2014년에 출간된 도서 『미움받을 용기』(인플루엔셜, 2014)의 모델이 된 알프레드 아들러(Alfred Adler, 1870~1937)는 무의식과 의식을 구분하지 않았다. 인간은 그를 구성하는 모든 구성 요소의 총합이라고 보았다. 가장 큰 구성 요소 세 가지는 사랑·직업·인간관계로, 거기에 덧붙여진 여러 가지가 모여 개인이 된다고 했다. 또한 열등감(콤플렉스)을 제거 대상으로 바라본 프로이트와 달리 아들러는(정면으로 마주하기만 한다면) 발전과 성장의 동기가 될 수 있다고 봤다.

자크 라캉은 '무의식은 언어처럼 구조화되어 있다'라는 유명한 말로 무의식의 거대하고 정교한 세계의 완성도를 이야기했다. 무의식이 언어처럼 구조화되어 있다는 것은 무의식이 세계관을 갖고 있다는 뜻이다. 비록 우리가 모르는 세계지만 그 안에서 언어 규칙처럼, 수학 공식처럼 정해진 구조에 따라 설계되고 유지되는 세계라는 것이다. 무의식의 세계는 우리가 의식하지 못하지만, 의식의 세계처럼 법칙이 있고 그 법칙에 따라 운용된다.

라캉은 의식과 무의식을 상징계·상상계·실재계로 나눴다. 우리가 일하고, 공부하는 의식의 세계인 상징계에서 만들어 낸 거대한 스트레스와 압박은 자신도 모르는 상처와 병을 낳는데, 이 고통은 상상계에서 일부 치유한다. 그리고 인지하지 못한 상처와 병들은 주로 무의식의 세계인 실재계에 이름 없이 남겨진다. 무의식 속에 남겨진 상처와 병들은 우리도 모르는 사이에 바이러스처럼 자가 증식하고 변이하며 살아 숨 쉰다. 우리는 무의식의 문제를 알지 못하기에 교정하거나 치유할 수 없다.

프로이트와 융은 꿈과 무의식의 해석을 통해 정신질환이나 트라우마, 콤플렉스 등 스스로 미처 알지 못하는 기묘한 병과 상처들을 개인이 인지하게 함으로써 치료하거나 딛고 나아갈 수 있도록 했다. 왜냐하면 꿈은 무의식의 세계를 엿볼 수 있는 통로이기 때문이다. 프로이트는 꿈을 "소망의 충족을 위한 심리적 활동이다"[*]라고 했다. 물론 무의식의 검열, 왜곡, 압축, 생략 등으로 우리가 이해하기 어려운 형태로 나타나기도 하고 또 잠에서 깨면 기억하지 못하기도 한다. 무의식 또한 나이기 때문에 내 '슈퍼에고'의 수위 조절도 있고 편집과 삭제도 있기 때문이다. 꿈에서 콘서트 1열 좌석을 잡으려다가 놓치는 것 같은 꿈을 꾸는 것은, 무의식의 또 다른 '나'인 슈퍼에고가 너무 엄격해 1열은 불가능하다고 생각해서 탈락시킨 것이다.

하지만 무의식이 방해한 콘서트 1열은 현실의 상상에선 가능하다. 의식의 환상은 통제 가능하기 때문이다. 꿈에서조차 광탈한 무

---

[*] 지크문트 프로이트, 『꿈의 해석』, 김양순 옮김, 동서문화출판, 2016.

◈ 프로이트의 무의식 세계관

의식의 상처나 욕망은 의식의 상상을 통해 일부라도 잠재우거나 잊거나 치유될 수 있다.

프로이트는 '예술가의 조건'이라는 강의에서 예술가는 무의식의 환상에 쾌락을 더해야 한다고 했다. 즉, 사람들이 순간적이라도 억을 벗어나 삶의 기쁨을 향유할 수 있게 해야 한다*고 했다. 무의식

* 에리히 프롬, 『사랑의 기술』, 황문수 옮김, 문예출판사, 2019, 31쪽.

의 환상을 의식으로 끌어오는 것이 예술가의 역할이라는 것이다. 이 것은 현실에서 환상의 역할을 말해 준다. 비록 상업적 환상이라 할 지라도 무의식의 얼어붙은 고통을 녹여 줄 수 있다면 그것은 충분한 가치가 있다. 예술가는 관객의 욕망을 채워 주고, 기쁨을 만들어 내고, 아픔을 달래줄 정교한 환상을 만들어 내는 사람이다.

상업적 블록버스터에서 그려지는 것 같은 대규모의 환상이든 개인의 소소한 환상이든, 환상은 충동으로부터 욕망을 분리하는 장막이다.* 환상은 욕망의 구체적 시나리오이면서 충동을 억제해 주는 역할을 한다. 환상의 상영은 달성될 수 없는 욕망에 대한 충동이 부분 해소된 것처럼 느끼게 해 준다. 너무 비싸서 살 수 없는 물건을 장바구니에 담아 보기만 했는데 욕망이 다소 줄어드는 것처럼 느껴지는, 소원의 가짜 충족 같은 것이다. 욕망에 대한 만족의 시뮬레이션이다. 환상은 시뮬레이션으로써 실제적 치유 효과를 가진다.

환상은 잠재적 현실이다. 'virtual'을 '가상성'이 아니라 '잠재성'으로 번역해야 한다는 의견도 있다. 환상은 구현하는 순간 현실이 되기 때문이다. 들뢰즈는 우리의 감각에 포착된 현실적인 것뿐만 아니라 아직 현실화되지 않았지만 엄연히 존재하는 잠재적인 것들도

---

* 대니 노부스, 『라캉 정신분석의 핵심 개념들』, 연구집단 문심정연 옮김, 문학과지성사, 2013, 263쪽.

실재라고 말한다.* 내가 가진 환상도 잠재적 현실이 될 수 있다는 것이다.

실제로 미국의 싱어송라이터이자 배우인 테일러 스위프트는 2020년 발표한 앨범 <folklore>에서 자신의 환상을 기록하여 작품으로 현상해 냈다.


환상을 기술하면 서사가 되고 환상을 구현하면 예술이 된다.

★  양석원, 『욕망의 윤리』, 한길사, 2018.

# 응시의 힘, 과몰입

feat. 자크 라캉 - 응시, 노먼 브라이슨 - 탈중심화

PC나 스마트폰으로 영상을 보다가 영상이 끝나면 화면이 블랙 아웃(암전)된다. 이때 순간적으로 화면은 검은 거울이 되어 내 모습을 반사한다. 헝클어진 머리에 웃느라 광대가 치솟아 있는 모습으로 화면을 응시하는 내 얼굴을 보면 깜짝 놀랄 수밖에 없다. 내가 저런 우스운 표정을 하고 있었다니! '보는 나'를 관찰할 일은 드물기에 낯설고 어색하다. 표정은 또 어떤가? 영혼을 빼앗긴 것 같은 내 표정을 보면 현타가 온다.

이런 상황을 라캉의 표현으로 말하면 '응시'가 깨졌다고 할 수 있다. '응시는 바라보임을 당하는* 감각이다.' 마치 카멜레온이 나뭇잎

---

★ 백상현, 『라캉의 정치학』, 에디투스, 2020, 257쪽.

◈ 현타 – 응시의 깨짐

사이에선 자동으로 녹색으로 변하고, 흙 위에선 갈색으로 변하는 것처럼 우리가 무의식 속에 가진 보여짐에 대한 감각이 응시이다.

우리는 평소에 응시(보여짐)를 의식하지 못하고 살다가 꺼진 검은 화면에 비친 내 모습을 통해 '모니터가 나를 보는 중'인 응시를 목격하게 된다. 응시에 지배당하고 있다는 사실은 이렇게 응시가 깨지는 순간에만 깨달을 수 있다. 응시를 포착하는 것은 불가능하기 때문에 우리는 평소에 응시에 지배당하고 있음을 모르고 살아간다. 응시에 지배당하는 이유는 시선에 욕망이 묻어 있기 때문이다.

내가 설거지 하시는 엄마의 뒷모습을 볼 때 사실은 엄마도 나를 보고 있다. 엄마가 등에 눈도 안 달렸는데 어떻게 나를 볼까? 내 시선의 욕망이 호출한 내 무의식의 타자(other, 타인)인 엄마가 나를 보

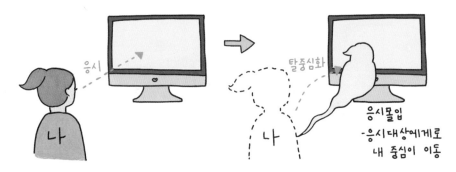

응시

나

탈중심화

나

응시몰입
-응시대상에게로
내 중심이 이동

◈ 탈중심화 - 응시 대상에게로 중심 이동

는 것이다. 내 안의 엄마가 나를 본다. 내 시선의 대상은 엄마이지
만 응시의 대상은 나다.

응시는 대상의 욕망을 보는 것이다. 어떤 모범생은 모범생을 원
하는 부모의 욕망을 응시했기 때문에 모범생이 되었을 수도 있다.
기대를 읽으면서 나도 모르게 기대에 부응하게 되는 것이 응시에
지배당하는 원리다.

덕후가 응시에 더 지배당하는 이유는 더 좋아하고 욕망하기 때
문이다. 매력을 잘 알기 때문에 더 크게, 더 자세히, 더 많이 본다.
연인 사이에도 좋아하는 사람이 더 많이 보고 더 지배당한다. 시선
에 깃든 욕망만큼 응시는 강력해진다.

우리가 종종 게임이나 스마트폰에 집중하고 있을 때 부모님이 "아
주 모니터 안으로 들어가시겠어?"라든가 "폰에 영혼을 뺏겼구나!"

같은 말을 할 때가 있다. 노먼 브라이슨(Norman Bryson, 1949~ )은 영혼이 대상에 들어가 있는 것처럼 보이는 이런 현상을 '응시를 통한 탈중심화'라고 했다. 이 말은 응시를 통해 주체의 중심이 이동한다는 것이다. 시선은 영혼을 이동시킬 정도로 강력한 힘을 갖고 있다. 응시는 내 영혼의 중심을 대상에게 옮겨 가는 일이다.

이때 영혼이 과도하게 대상에게 옮겨 가는 일이 '과몰입'이다. 과몰입은 덕후가 가진 여러 특징 중 하나다. 덕후는 좋아하기 때문에 과하게 몰입할 수밖에 없다. 좋아하는 만큼 중심이 많이 이동되는 것이다. TV 속 스타들의 권력도 내 응시를 지배한 데서 나온다.

'K'라는 스타가 있다고 하자. 내가 TV 속 K를 바라볼 때 구석구

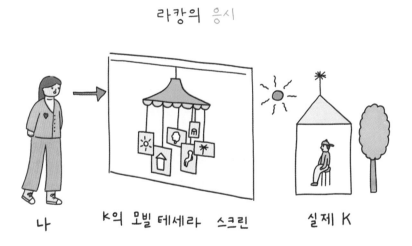

라캉의 응시

나　　　K의 모빌 테세라　스크린　　　실제 K

◆ 모빌 테세라 - 보여 주기 위해 매달린 모자이크 기호들

석 뜯어본 것 같지만 사실 K는, 대중의 기호에 맞게 자신을 연출하여 보여 주고 싶은 매력의 기호만 스크린에 보여 주고 있는 것이다.

무엇을 그릴지 결정하는 사람이 화가인 것처럼 응시할 요소를 결정하는 것은 K다. 관객은 K가 보여 주는 대로 보게 되고, K가 노출한 기호만 보게 된다. 이때 관객은 스타 K와 관객 사이에 매달린 '스크린'을 통해 K가 상영한 것만 보게 된다고 하여, 라캉은 이 스크린을 '모빌 테세라(mobile tesserae)'라고 했다. '테세라'는 라틴어로 모자이크 조각이다. 즉, 모빌 테세라는 매달린 기호의 모자이크 조각이란 뜻이다.

우리가 TV나 영상을 보며 응시의 지배 대상이 되는 것만은 아니다. 누군가 나를 바라볼 때 나도 내가 의도한 기호를 보여 줌으로써 그의 시선을 지배할 수도 있다. 물론 시선을 지배할 수는 있지만 그에 대한 피드백까지 통제할 수는 없다. 아름답다고 생각해서 보여 줬지만 남들은 별로라고 말할 수 있는 것처럼. 그런데 이런 부정적 타인의 응시가 자신의 어릴 적 무의식 속 약한 부분을 저격할 때 생각한 대로 신체가 반응하지 않는 공황장애와 같은 힘듦이 발생할 수 있다. 응시는 내가 타인의 시선에서 나를 보는 것이다. 마치 늘 CCTV로 내 자신을 지켜보는 듯한 타인의 시선에 대한 감각이다. 응시는 나도 모르게 나를 힘들게 할 수도 있다.

◆ 응시 - CCTV가 나를 보는 것을 내가 보는 듯한 감각

나는 타인과 사물에 빙의하여 나를 보고 있다. 저 친구는 나를 어떻게 보고 있을까? 부모님은 나를 어떻게 바라보고 있을까? 연인은 나를 어떻게 보고 있을까? 우리는 타인의 시선과 나의 응시로 인해 나도 모르게 힘들기도 하고 많은 염려와 고민을 한다. 그 응시에서 어떻게 나를 보호하고 방어할 수 있을까? 사람은 모두 다르기 때문에 정해진 정답은 없다. 어딘가 정답이 있다고 해도 발견하는데 오랜 시간이 걸리거나, 찾은 그 답이 정답인지 아닌지 확인할 수도 없다.

정답이 아닐 수 있지만 작은 기술을 사용하면 어떨까? 눈에는 눈이라는 말처럼 응시의 어려움엔 응시로 맞서는 건 어떨까? <멋지다 마사루>라는 일본 만화를 보면 한 고등학교에 '섹시 코만도'라는 괴짜 기술을 연마하는 무술 동호회가 등장한다. '섹시 코만도'란 상대와 맞설 때 상대가 예측하지 못할 괴상한 형태로 몸을 흔들거나 윙크를 하거나 섹시한 포즈를 취하는 등 기술로 상대의 시선을 교란한 후 혼란을 틈타 공격하는 무술이다. 섹시 코만도부는 이런 기술을 연마하는 동호회다. 아이돌이 아닌 일반인도 '내 마음속에 저장' 같은 시그니처 포즈나 필살 애교 같은 기술을 갖고 있지 말라는 법은 없다. 이런 기술은 상대의 시선을 교란시키고 순간적으로 응시를 깨뜨릴 수 있다.

'힘들 때 웃는 자가 일류다'라는 말은 여유에 대한 이야기다. 애교나 섹시 포즈 같은 것이 아니라 쉬운 것도 있다. 볼에 빵빵하게 바람을 넣는 등의 희한한 표정도 힘든 상황에서 응시를 깨뜨릴 수 있는 비일상적 제스처가 될 수 있다. 영화 같은 데서 불량배에게 몰린 청소년이 "엇! 저게 뭐지?"라며 다른 곳을 손가락으로 가리킨 후, 불량배가 손가락이 가르키는 쪽을 쳐다보는 순간에 빠르게 도망가는 기술도 이와 비슷하다. 예측 불가능한 것을 통해 응시에 균열을 만들어 잠시 쉴 수 있을 것이다.

명상을 할 때 눈을 감는 이유는 응시의 단절을 위함이다. 눈을 감고 타인의 시선이 보는 내가 아닌, 내가 보는 나를 바라보는 것이다. 타인이 보는 내가 아닌, 타인이 볼 것이라 생각되는 내가 아닌, 눈을 감으면 보이는 나 자신이 가장 소중한 존재임을 잊지 않기를.

# 이미지의 세계

# 이미지란 무엇인가?

feat. 장 폴 사르트르 - 상상력

　사람들은 브랜드 로고를 얼마나 잘 기억하고 있을까? 미국에 있는 맞춤 간판 제작 업체인 '사인스닷컴(Signs.com)'에서 이 궁금증을 풀어 줄 재미있는 실험을 했다. 20~70세 사이의 미국인에게 세계적인 커피 체인점 스타벅스의 로고를 기억하는 대로 그려 달라고 했는데, 그 결과는 매우 흥미로웠다. 최신 버전의 스타벅스 로고를 정확히 그린 사람은 6퍼센트뿐이었다. 나머지 사람들은 각자의 기억에 의존해 로고의 색깔과 형태를 닮게 그리기는 했지만, 원본과 다른 로고를 그렸다.

　사람들의 그림을 좀 더 자세히 보면, 스타벅스 로고 속 인어의 왕관을 그리지 않은 사람이 45퍼센트, 인어 꼬리를 그리지 않은 사람이 55퍼센트였다. 이번 실험을 통해 대다수의 사람들은 자신에게

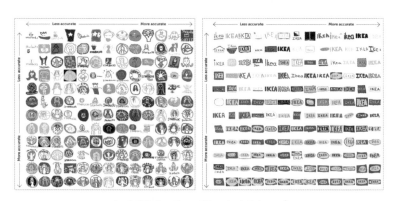

◈ 사람들이 그린 스타벅스와 이케아 로고*

인상 깊은 모양만 기억할 뿐 디테일은 잘 기억하지 못한다는 것을 알 수 있다.

스타벅스 다음으로 실험한 브랜드는 이케아였다. 사람들이 그린 이케아 로고 역시 원본과 달랐는데, 파랑과 노랑의 위치가 바뀌는 오류가 제일 많았다. 동그라미를 그린 사람은 절반도 채 되지 않았다. 앞서 말했듯 사람들은 디테일보다는 대략적인 인상만 기억한다. 이 실험에서 우리는, 사람들이 의식 속에 저장한 그림이 각각 다르다는 것을 알 수 있다. 사람들은 모두 똑같이 로고를 눈으로 보고 인지하지만, 감상과 기억을 재구성하는 프로세스에서는 각각 서로 다른 처리 과정을 거친다. 철학자 장 폴 사르트르는 이렇게 로

---

★ 자료 = 'Drawings created by more than 150 Americans.' https://www.signs.com/branded-in-memory/ (접속일: 2021. 3. 26.)

고를 재구성하는 의식 작용을 가리켜 이미지라고 했다.

그렇다면 '이미지'란 무엇일까? 보통 이미지라고 하면 제이피지(jpg) 같은 디지털 파일이나 그림, 사진 같은 것을 떠올린다. 물론 그런 뜻으로 널리 사용하기는 하지만, 상상력과 이미지를 깊이 연구했던 철학자 사르트르는 이미지를 '상상하는 의식'이라고 했다. 스타벅스의 로고가 아니라 로고를 상상해서 떠올리는 것(imaging)이 이미지라는 것이다.

이미지는 '내 마음에 비친 네 모습'이다. 내 마음에 비친 스타벅스가 스타벅스의 이미지이기 때문에 떠올리는 이미지는 사람마다 다르다. 즉, 모든 사람은 스타벅스와 이케아에 대해 다른 이미지를 갖고 있는 것이다. 이미지는 심상(心象)이라고 할 수 있는데, 이 심상을 떠올릴 때는 상상력이라는 힘이 필요하다.

이미지(image)와 상상력(imagination)이라는 두 단어의 알파벳을 보면 서로 연결되어 있음을 알 수 있고, 이미지의 주인이 상상력이라는 것 또한 쉽게 알 수 있다. 상상력(imagination)은 이미지(image)에 국가, 민족, 태어난 곳이라는 의미의 'nation'이 붙어서 'image+nation' 즉, 이미지가 태어난 곳이라는 뜻을 갖는다.

우리가 사과를 볼 때의 과정을 떠올려 보자. 눈으로 보고 나서 의

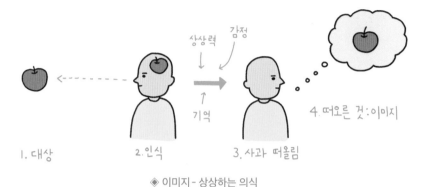

상상력 감정

기억

1. 대상　　　2. 인식　　　3. 사과 떠올림　　　4. 떠오른 것 : 이미지

◆ 이미지 - 상상하는 의식

식 속에 그 인상을 저장한다. 만약 빨강과 노랑, 연두색이 섞인 사과라면 그 대략의 인상을 저장한다. 이제 사과를 두고 등 돌리고 앉아서 떠올려 본다. 이때 떠오른 인상이 내가 가진 사과에 대한 '이미지'다.

모네, 마네, 고흐와 같은 인상파 화가들은 사물 그대로의 모습이 아닌, 자신이 사물에게 받은 인상을 그림으로 그렸다. 풍경과 닮게 그리는 것이 아니라 내가 가지고 있는 풍경에 대한 이미지와 닮게 그린 것이다. 그렇기 때문에 각자의 인상이 각자의 이미지가 된다. 인상파 화가의 그림을 보면, 카메라 앱에서 실행할 수 있는 필터처럼 저마다 다른 인상 필터가 씌워져 있어, 화가마다 다른 스타일을 느낄 수 있다. 이렇듯 인상은 저마다 가지고 있는 상상 스타일이자 이미지 필터다.

필터와 비슷한 말로는 '콩깍지'라는 말이 있다. 콩깍지의 사전적 의미는 눈을 가려 판단력을 흐리게 한다는 뜻이지만 좋아하는 사람을 더 예쁘게 왜곡해서 본다는 뜻으로도 쓰인다.

덕후가 좋아하는 덕질 대상을 바라볼 때 쓰는 필터가 바로 콩깍지다. 더 예쁘게 왜곡해서 바라보는 필터라는 뜻으로 '덕깍지'라고도 부른다. 좋아하는 스타가 그냥 앉아만 있어도 귀여워서 두 손가락으로 집어 올려 망태기에 집어넣고 싶은 마음이 드는 것은 덕후가 귀여움 필터라는 덕깍지를 끼고 있기 때문이다.

만약 앞의 실험에서 스타벅스 덕후에게 로고를 그리게 했다면 원본보다 훨씬 정교하고 아름다운 로고를 그렸을 것이다. 덕후는 대상을 사랑하기 때문에 더 아름답게 보는 덕깍지와 더불어 '인어의 꼬리가 더 유연했다면, 광이 났다면, 왕관이 더 섬세했다면 더 아름다울 텐데……'라는 상상력이 발달해 있는 사람들이기 때문이다. 이런 상상력은 내가 더 좋아하는 이미지로 만드는 이미지 변주에 꼭 필요한 능력이다.

스타들의 영상과 사진을 찍는 사람인 '홈마'는 사진을 보정하여 원래 스타의 모습보다 더 아름답게 과장하여 만든다는 이유로 비판을 받기도 한다. 하지만 홈마도 덕후기 때문에 보정 과정에서 상상력을 첨가하는 것은 사실 비판받을 만한 일은 아니다. 그저 스타들의 인상을 담은 이미지를 만드는 덕질 정도로 이해하면 어떨까.

예술가의 사진이 현실을 그대로 재현해야 할 필요는 없으며 과장이나 변형이야말로 상상력과 창의력의 정수다. 이미지란 '내 마음에 비친 네 모습'이기 때문에 각자의 마음에 비친 대로 만들어 내면 된다. 비슷한 맥락에서 '모에화'는 귀엽게 만드는 필터를 가진 사람들의 상상력이 더해진 창작 활동이다. '더 예쁘게, 더 선정적으로, 더 귀엽게' 같은 필터는 취향의 관점이자 예술관이다.

사르트르, 질베르 뒤랑에 이어 이미지와 상상력을 연구한 철학자 가스통 바슐라르는 "상상력이란 …… 실재의 이미지를 형성하는 능력이 아니다. 상상력은 실재를 넘어서 실재를 노래하는 이미지를 형성하는 능력이다. 상상력은 초인간성(surhumanité)의 능력이다"*라며 상상력이 가진 창의성을 높게 평가했다.

일반적으로 학자들은 상상력이 이미지를 형성하는(former) 능력이라고 파악했지만, 바슐라르는 상상력은 오히려 지각에 의해 제공된 이미지를 변형하는(déformer) 능력이라고 했다. 또한 지각된 이미지와 창조된 이미지를 구분하며 창조된 이미지를 만드는 능력만이 진정한 상상력이라고 말했다.**

덕후는 좋아하는 대상을 실제보다 더 아름답게 바라보고, 사랑

---

* 송태현, 『상상력의 위대한 모험가들』, 살림출판사, 2005, 56쪽.
** 같은 책, 56쪽.

에 빠진 사람은 연인을 실제보다 더 아름답게 창조해서 바라본다. 이것은 사랑이 첨가된 상상력이 부풀린 상상 덕분이다. 사랑은 이미지를 만드는 기술력과 창의력을 높여 준다.

유희하는 인간 '호모루덴스'라는 말을 창조한 학자 요한 하위징아는 상상력이란 이미지를 만드는 능력이라고 했다.* 상상력은 이미지를 만들어 놀 수 있는 능력이다. 덕질은 이미지를 만들며 노는 놀이다.

사르트르는 이미지(image)를 이미징(imaging)이라는 뜻으로 썼다. 이미징이란 내가 주어라는 뜻이기 때문에 내가 상상할 수 있는 범위가 내 가능성과 희망의 범위다. 아인슈타인은 지식보다 상상력이 더 중요하다고 했다. 지식은 증명된 것에 한해 한정적이지만 상상력은 세상의 모든 가능성을 포용한다.

혹시 덕후가 세상을 구하는 날이 온다면 그것은 누구보다 열심히 상상력을 갈고 닦으며 놀았던 이력 덕분일 것이다.

---

* 요한 하위징아, 『호모 루덴스』, 이종인 옮김, 연암서가, 2018, 34쪽.

## 떡밥, 아름다움의 맛

feat. 데이비드 흄 - 취향의 기준

어느 깊은 밤, 음악 채널 엠넷(Mnet)의 엠피디(MPD) 트위터에 평소처럼 음악 콘텐츠가 업로드됐다. "한 술만 떠봐요"라는 멘트도 같이 올라왔다. 음악 영상을 감상하라고 권유하면서 먹는다는 뜻의 동사를 사용한 것이다. 콘텐츠를 감상할 때 맛보다, 먹다, 맛있다 등의 표현을 은유로 사용하는 것은 별로 어색하지 않다.

덕후 사이에선 오래전부터 덕질 관련 사진이나 영상 같은 콘텐츠를 떡밥(직접적으로 드러내기 전 미리 작품에 숨겨놓은 내용을 비유적으로 이르는 말)이라고 부르고, 감상하는 것을 씹고 뜯고 즐긴다는 등의 표현으로 '먹는다'라는 은유를 사용해 왔다. 떡밥은 물고기를 유인하기 위한 미끼를 뜻한다. 물고기를 유인하기 위해 뿌린 떡밥이 맛있으면 물고기가 바늘을 물듯이 콘텐츠 떡밥을 맛보고 취향에 맞으면 다음 편을 보거나 입덕하라는 뜻으로 사용된다. 그래서 드라마나 영화에서 후속 편을 위한 복선 같은 것도 떡밥이라고 말한다. 복선이 마음에 들면(입맛에 맞으면) 다음 편을 시청하라는 뜻이다.

18세기 철학자이자 미학자 데이비드 흄(David Hume, 1711~1776)은 『취미의 기준에 대하여 / 비극에 대하여 외』에서 '취향(taste)'을 정신적 취향과 신체적 취향으로 구분했다. 정신적 취향은 사물이 아름다운지 추한지를, 신체적 취향은 쾌인지 불쾌인지를 식별한다. 이 식별 과정에 유사성이 존재한다. 실제로 취향은 미각과 정신적 취향을 동시에 뜻하는 단어다.

17세기 유럽의 궁정 문화에서 취향은 섬세한 입맛을 뜻하는 단어로 쓰였다. 와인이나 음식 문화에서 탁월한 식별력을 가지고 섬세함과 완성도를 알아보는 능력을 취향이라고 불렀고 세련된 취향을 가진 사람들은 인정과 존경을 받았다. 이렇게 섬세한 입맛을 가리키던 '취향'이 아름다움과 추함을 식별하는 능력을 가리키는 데 사용되기 시작한 것은 17세기 중반부터였다.

흄은 아름다움의 본질적 특성을 '즐거움(pleasure)'으로 보았다. 즐거움, 즉 '쾌(快)'를 주는 것이 아름답다는 것이다. 흄은 아름다움이 주는 즐거움을 '상티망(sentiment)'이란 프랑스어로 표현했다. 상티망은 우리말로는 감상의 여운, 감흥 정도로 번역할 수 있다. 아름다움은 단순한 기쁨이 아니라 여운이 남는 큰 기쁨을 준다. 영어식으로 발음하면 '센티멘트'인데 우리가 흔히 '센티멘털하다'라고 이야기하는, 평상시와 비교했을 때 수위를 초과한 강도의 감정을 말한다. 즉, 아름답다는 것은 보통 수준 이상의 즐거움, 상티망을 느낀다는 것이다.

흄에 따르면 아름다움에서 상티망을 느끼는 프로세스는 다음과 같다. 첫 번째 눈, 코, 입 등 감각이나 이성적 판단을 통해 사물을 지각(perception)한다. 두 번째로 지각한 사물에 대해 기쁘거나 싫은 감정 같은 인상(impression)이 생긴다. 세 번째로 우리의 정신은 인

### 흄의 지각 처리 프로세스

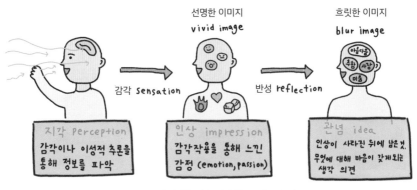

◈ 아름다움의 즐거움을 느끼는 순서

상이 지나가면 강렬한 인상을 가진 것들은 대상에 대한 생각, 의견으로 남게 된다. 우리는 이것을 관념(idea)이라고 부른다.* 아름다운 관념에게서 느끼는 것이 상티망이다. 내게 상티망을 남긴 대상들이 아름다움의 기준, 취향이 된다.

떡밥을 맛본다고 할 때는 앞의 예시 그림에도 나왔던 '지각 – 인상 – 관념' 프로세스를 통해 내게 아름다움의 맛, 상티망이 느껴지는지 판단하는 것이다. 떡밥 감상을 통해 쾌, 아름다움, 행복 같은 상티망의 맛이 내게 느껴지는지 판단하고 놀이처럼 즐긴다.

예를 들어, 치킨 덕질이란 치킨을 먹어 보고 매운 정도, 바삭함, 단맛, 껍질 상태 등을 종합적으로 평가하여 맛에 점수를 매기고 순위를 정해 취향의 공식을 재정비하는 등 대상에 대한 관념을 분류하고 내 취향을 찾는 놀이다. 오디오 덕질이라면 장비별로 소리를 평가하고 다른 장비와의 궁합을 판단하며 내게 기쁨을 주는 최적의 소리를 찾아가는, 취향의 기술을 연마하는 여정을 즐기는 것이다.

덕질은 내게 쾌, 즐거움을 주는 아름다움의 맛을 찾는 놀이다. 취향의 공식을 끊임없이 리뉴얼(기존의 것을 새롭게)하는 일이다. 같은

* 데이비드 흄, 『취미의 기준에 대하여 / 비극에 대하여 외』, 김동훈 옮김, 마티, 2019, 120쪽.

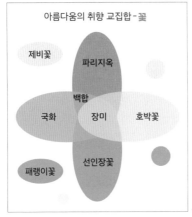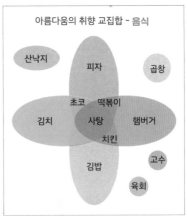

◈ 취향의 벤다이어그램

분야의 덕후들은 취향의 공식을 공유하는 사람들이다. 같은 대상에게서 아름다움의 맛, 쾌를 느끼는 것이다.

사탕처럼 대부분의 사람이 좋아하는 음식이 있고 고수나 육회처럼 싫어하는 사람이 많은 음식도 있다. 아름다움도 마찬가지로 자신에게만 즐거움을 주는 특별한 아름다움이 있다. 글에도 어떤 사람은 냉소적 문체가 취향이고, 어떤 사람은 스토리의 장대함이 좋고, 어떤 사람은 간결하고 정돈된 문체에서만 편안한 감정을 느낀다. 자신이 즐거움을 느끼는 요소가 각각 다른 것이다.

취향이란 어떤 것을 하고 싶은 마음이 생기는 방향이다. 즐겁기 때문에 자꾸 하고 싶고, 맛있으니 자꾸 먹고 싶은 것이다. 취향은 사람에 따라 다르며 모든 사람은 각각의 취향을 가진다. 개인마다 쾌를 느끼는 지점이 다르기 때문에 서로의 입맛과 취향을 존중해야 한다. 다수가 아름답다고 느끼면 범용의 아름다움이 되고, 소수만이 아름답다고 느끼면 마니아만 이해하는 아름다움이 된다. 80퍼센트의 사람이 장미꽃을 보고 아름답다고 말하면 장미꽃은 상식적인 아름다움이 된다.

여기서 중요한 것은 본인이 행복해지고 즐거워지기 위해서는 자신의 취향을 잘 알아야 한다는 것이다. 자신의 취향을 파악하는 것은 행복해지는 공식을 알고 있는 것이기 때문이다.

데이비드 흄은 즐거움을 잘 식별하는 능력을 아름다운 재능 혹은 취향이라고 불렀다. 까탈스럽다거나 예민하다고 불리는 사람이 사실은 섬세한 취향을 가진 사람일 확률이 높다. 아름답지 않은 것을 참기가 힘든 사람들이다. 혹시 입맛에, 미적 감각에, 소리에 특별히 까다로운 사람이 있다면 획일화를 요구하는 단체 생활이 불편할 수 있지만, 한편으로 그것은 재능일 수 있다. 흄은 이런 자질이 쉽게 발견되지 않으며 비평가들조차 반복되는 연습과 관찰, 훈련이 필요하다고 했다.

특별한 예민함이란 탁월한 미적 취향의 다른 표현이다.

## 기억 저장소, 덕후존

feat. 앙리 베르그송 – 물질과 기억

덕후의 집엔 '덕후존' 혹은 '덕질존'이란 공간이 있다. 덕후존이란 방에 덕질과 관련된 물품을 전시하는 공간을 가리키는데 요약하자면, 덕후의 보물 창고다. 그곳에 있는 보물은 주로 덕질 대상의 CD, DVD, 굿즈, 피규어, 레플리카, 티켓, 사진, 포스터 등이다. 책장, 상자, 장식장 등 보관 방식과 위치는 다르지만 자신이 아끼는 물건을 전시하고 감상하는 공간이다. 어떤 덕후는 방 한 개를 통째로 덕질에 관련된 방으로 꾸미기도 한다.

고급 자동차를 모으는 회장님의 주차장 같은 거대한 덕후존이든 책장 한 칸의 소박한 덕후존이든, 덕후존에 놓인 물건들은 그냥 물건이 아니라 보기만 하면 덕질과 관련된 추억을 소환해 주는 추억 재생 버튼이다. 선착순 몇 명에게만 판매하는 물품을 사기 위해 아주 무덥거나 아주 추운 날씨에도 몇 시간씩 줄 서서 고생했지만 함께 줄 선 팬들과 즐겁게 놀았던 일, 티켓팅을 부탁하기 위해 친구들에게 밥을 사고 PC방에 갔던 일, 경기장의 풍경과 핫도그 냄새, 공연 보는 내내 가지고 있던 응원봉에 담긴 콘서트 관람 당시의 감동 같은 행복한 기억들이 담긴 물건들이다. 열정의 시간이 담긴 기억의 증거인 것이다.

마르셀 프루스트의 소설 『잃어버린 시간을 찾아서』에서 가장 유명한 부분은 주인공이 마들렌 향기를 맡으며 유년 시절을 떠올리는 장면이다.

"나는 마들렌 조각에 녹아든 홍차 한 숟가락을 기계적으로 입술로 가져갔다. 그런데 과자 조각이 섞인 홍차 한 모금이 내 입천장에 닿는 순간, 나는 깜짝 놀라 내 몸속에서 뭔가 특별한 일이 일어나고 있다는 사실에 주목했다. 이유를 알 수 없는 어떤 감미로운 기쁨이 나를 사로잡으며 고립시켰다.

그러다 갑자기 추억이 떠올랐다. 그 맛은 내가 콩브레에서 일요일 아침마다 레오니 아주머니 방으로 아침 인사를 하러 갈 때면, 아주머니가 곧잘 홍차나 보리수 차에 적셔서 주던 마들렌 과자 조각의 맛이었다.*

'프루스트의 효과'라고도 불리는 이 장면은 감각이 기억을 어떻게 송두리째 불러오는지, 기쁨이란 감정이 얼마나 기억을 꽉 붙들고 있는지를 섬세하게 표현하고 있다.

대부분의 기억은 시간이 지나면 사라진다. 기억이 사라지지 않고 살아남기 위해선 마들렌의 엄청난 맛처럼 강렬한 감각 경험이나 감정이 필요하다. 혹은 사진이나 굿즈처럼 즐거움의 기억을 저장한 증거 물질이 있어야 한다. '남는 것은 사진뿐이다'라는 말은, 사진이란 실제 증거 물질이 망각에 저항할 수 있다는 뜻이다. 일기도 망각에 저항하는 기록 증거물 중 하나다.

시간과 기억을 지속되는 흐름으로 파악했던 철학자 앙리 베르그송(Henri Bergson, 1859~1941)은 기억은 과거의 시간이지만 지금 기억을 떠올리면 현재와 과거가 연결된다고 했다. 그래서 시간은 단절이 아니라 연결되는 흐름이라는 것이다. 베르그송은 기억을 회상할 수 있는 물질로 '장미 향기'를 자주 언급했다. 장미 향기라는 후각적 감각이 과거의 기억을 현재에 떠올리게 한다.

* 마르셀 프루스트, 『잃어버린 시간을 찾아서 1』, 김희영 옮김, 민음사, 2012, 86쪽.

앞에서 마르셀 프루스트가 '마들렌의 맛'을 통해 기억이 떠오르는 것을 묘사했듯 미각, 청각, 시각, 후각, 촉각 등의 감각은 심리적 기억과 연동되어 있다. 감각은 기억을 호출하는 버튼이다. 다소 불필요한 정보일 수 있지만, 베르그송은 마르셀 프루스트의 사촌과 결혼함으로써 부인이라는 사람을 매개로 프루스트와 시간과 기억이 연결되었다.

수학, 과학, 철학의 분야에서 천재성을 보였던 베르그송은 이성주의를 거부하고 각 개인의 삶의 가치를 중요하게 생각했으며, 삶을 이해하려고 노력한 철학자였다. 개인의 삶을 채우는 것은 과거가 된 기억이다. 베르그송은 기억을 신체적 기억과 심리적 기억으로 나누었다.

신체적 기억은 노력과 반복을 통해 몸으로 익힌 습관적 기억이다. 수영이나 자전거 타기, 운전, 춤처럼 반복하고 연습하며 신체에 습득된 기억인 것이다. 몸으로 익힌 습관적 기억은 오랜만에 수

◈ 신체적 기억

영하거나 자전거를 타도 금세 잘할 수 있다. 습관적 기억은 언제 배웠는지보다는 지금 탈 수 있는지가 더 중요하다. 즉, 현재가 중요한 것이다.

심리적 기억은 이미지 기억이라고 하는데, 연습이나 노력을 하지 않았는데도 경험이 남긴 강렬한 감정 덕분에 저절로 보존된 기억이다. 이미지 기억은 감각과 그 감각을 생각하면 이미지 형태로 다시 떠올릴 수 있는 기억이다.

이미지 기억은 시간과 감정을 가진다. 특정 나라에 갔을 때 맡았던 냄새는 방문했던 날짜를 가진다. 수능 시험을 봤던 교실에 대한 기억은 수능일이라는 날짜를 가진다. 처음 마신 커피에 대한 기억

◆ 심리적(이미지) 기억

도 날짜를 가진다. 이미지 기억이 저장될 때 중요한 것은 시간이 아니라 기억의 강렬함이다. 오래된 기억이라도 당시에 강렬한 인상과 감정을 느꼈다면 쉽게 사라지지 않는다. 잊고 싶은 기억도 그 충격이 강하면 강제로 저장된다. 이렇게 이미지 기억은 내 의지와 관계없이 기억되고 나의 역사가 된다.

영국의 시인 윌리엄 워즈워스는 "모든 사람은 자기 자신에 대한 기억이다"*라고 말했다. 그는 자신의 시 「무지개」에서 무지개를 설렘의 기억을 불러오는 매개체로 묘사했다. 프랑스 철학자 텐은 "자아 속엔 자신과 관련된 사건들의 행렬 이외엔 아무것도 존재하지 않는다"**라고 했다. 그러므로 나는 내 과거 기억들의 합이다. 기억은 개인의 역사다. 나는 나에 대한 기억과 경험의 총합이다. 내가 기억하지 못하는 나는 잃어버린 시간이다.

베르그송은 1초, 10초, 1시간 같은 물리적 시간 개념보다 체험적으로 느껴지는 참된 의미의 시간 개념을 중시했다. 같은 1시간이라도 5분처럼 느껴지는 콘서트 장에서의 시간과 TV 채널만 돌리며 보낸 1시간은 체감상 다른 시간이다. 질적으로 가치 있는 시간만이

---

* 알라이다 아스만, 『기억의 공간』, 채연숙·변학수 옮김, 그린비, 2011, 572쪽.
** Hippolyte Adolphe Taine, *De l'intelligence*, 1871, p. 9.

추억이라는 소중한 기억이 된다. 이렇듯 우리가 체험한 시간 중 어떤 시간은 오래도록 선명한 기억이 되고 또 어떤 시간은 존재감 없이 사라진다.

> "1960년 4월 16일 3시 1분 전."
> "1960년 4월 16일 오후 3시. 너와 나는 1분간 함께 있었어. 이제 오후 3시가 되면 나를 생각하게 될 거야."

이 대화는 왕가위 감독의 영화 <아비정전>(1990)에 나오는 대사다. 1분 동안 아비(장국영 분)와 수리진(장만옥 분)은 함께 매초의 흐름을 느끼며 집중한다. 그렇게 둘이 함께한 1분이라는 시간은 일상의 평범한 1분과는 다른, 강렬한 기억이 되었다.

덕후는 자신이 좋아하는 스타의 생일(날짜)과 같은 시간에 "○○ ○○시"라는 글을 올리곤 한다. 이것은 시간에 기억을 매개하는 놀이다. ○○이라는 스타의 생일이 9월 12일이면 9시 12분에 SNS 같은 곳에 "○○시"라고 올리는 것이다. 생일은 1년에 한 번이지만 1년에 한 번만 축하하고 기억하기엔 아쉽다고 생각한 덕후는 생일을 시간으로 바꾸어 특별한 1분으로 만든다. 그렇게 되면 스타의 생일을 하루에 두 번 기억할 수 있다.

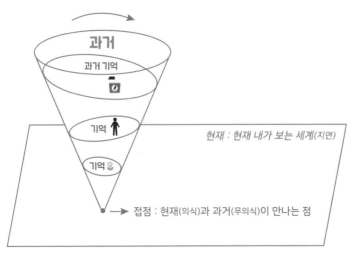

과거

과거 기억

기억

기억

현재 : 현재 내가 보는 세계(지면)

접점 : 현재(의식)과 과거(무의식)이 만나는 점

◆ 베르그송 - 기억의 원뿔

위의 그림은 영화 <인셉션>(2010)의 모델이 된 것으로도 유명한 베르그송의 '시간 레이어 원뿔'이다. 베르그송은 원뿔 모양으로 이미지 기억이 저장된 공간을 표현했다. 꼭짓점은 과거와 현재가 연결되는 지점이다. 과거 기억의 레이어들이 꼭짓점에서 현재와 접점으로 만난다. 우리는 꼭짓점에서 수시로 과거 기억의 레이어들을 소환하고, 이 기억들은 현재에 영향을 미친다. 과거의 기억은 나의 경향이자 가치관이 되어 현재의 세계관을 만든다.

베르그송은 신체적 기억이 아니라 내가 경험했던 일들에 대한 이미지 기억이야말로 순수하고 참된 기억이며 이것이 내 삶의 기억 창고를 채운다고 했다.

　최애 가수의 콘서트, 남기고 싶은 아름다운 장면, 좋아하는 영화나 음악 등을 한 번만 경험하는 것이 아쉬운 덕후의 마음이 덕후존에 모인다. 덕후는 10시간을 기다려서 산 굿즈나 번개장터에서 만난 초등생 판매자에게 팥빙수를 사 주고 구입한 포스터, 부모님이 어렵게 구해서 생일 선물로 주신 피규어 등의 물건을 모아 전시함으로써 행복했던 기억을 수시로 불러올 수 있다.

　행복했던 기억이 많으면 세상이 좀 더 자주 꽃밭으로 보일 수 있다. 세상이 꽃밭이 아니라도 추억은 가끔 시야를 가리고 즐거운 이미지를 재생해 준다. 꼭 덕후존이 아니더라도 여행지에서 향수와 치약을 사 오는 일, 가족 기념일에 가족사진 찍는 문화를 만드는 일, 감사 일기를 쓰는 일, 학년이 끝날 때 반 친구와 같이 떡볶이 먹는 일처럼 기억을 감각에 묶어 놓으면 미래의 내게 주는 선물을 만들 수 있다. 이런 기억들은 힘들 때 눈앞에 펼쳐 세상을 가릴 수 있는 선한 이미지 기억이 돼 준다.

# 아이돌은 상(象)의 예술가

feat. 플라톤 - 동굴의 우상, 에피쿠로스 - 에이돌라

지금 한국에서 '아이돌(idol)'이라는 단어는 음악뿐 아니라 사람 자체로도 사랑받는 가수를 의미한다. 이들은 멋진 외모와 패션, 노래와 춤, 매력적인 성격 등으로 많은 대중에게 사랑과 응원, 지지를 받는다. 장래 희망이나 롤 모델로 삼는 사람도 많고, 특히 아이돌에 관심이 많은 청소년에게 큰 영향을 미친다.

아이돌이라고 부르게 된 것은, 1940년대 미국의 가수이자 영화배우인 프랭크 시나트라를 열광적으로 추종하는 청소년의 모습을 보고 언론에서 '여학생들의 우상(the idol of the bobby soxers)'이라는 표현을 쓰면서부터였다. 열광적으로 추종하는 모습이 마치 신을 숭배하는 것처럼 보인다고 하여 맹목적, 무조건적이라는 뜻의 부정적 의미로 쓰이기 시작했다.

◈ 플라톤 – 동굴의 우상*

　이때 쓰인 '아이돌'은 영국의 철학자 프랜시스 베이컨의 '동굴의 우상(idola specus)'에서 가져왔다. 베이컨이 말한 우상(idola)은 플라톤(Platon, B.C.428?~B.C.347?)이 동굴의 비유에서 언급한 벽에 비친 그림자를 말한다. 플라톤은 주어진 것만을 보고 그것이 세상의 전부라고 믿고 평생을 사는 편협한 사람들을 깨우치기 위해 동굴의 비유를 사용했다. 동굴 속의 이들은 그림자를 실체로 생각하고 그림자를 세상의 전부로 보며 평생을 살아간다. 환하고 넓은 바깥 세상이 있지만, 이를 전혀 알지 못하고 바깥으로 나갈 도전도 하지 못한 채 그림자만을 신봉하며 사는 삶을 동굴의 비유를 통해 설명한 것이다. 이후 베이컨이 인간의 정신을 사로잡는 잘못된 편견을,

* Wikimedia Commons, 「An Illustration of The Allegory of the Cave, from Plato's Republic」, https://c11.kr/oe4w, 2021. 4. 21. 일러스트 참조.

플라톤의 철학 용어에서 따와 우상(idol)이라고 부르면서 전체를 보지 못하고 대상에 몰입하는 상황에 사용하게 되었다.

고대 토테미즘처럼 자연이나 사물, 동물을 숭배하는 문화에서는 우상이 신과 같이 전능함을 가진다고 믿었다. 이것이 신격화인데, 대상이 틀렸다 해도 무조건적으로 믿으며 가치판단의 기준으로 삼은 것이다. 고대소설 『심청전』에서 바다를 신으로 우상화하고 인당수에 소녀를 제물로 바치는 것은 우상화의 맹목적이고 잘못된 믿음을 보여 주는 예다. 우상과 신의 차이점은 신은 인간의 삶과 세상을 위하지만 우상은 삶을 병들게 한다.

최초에 아이돌이 우상이라는 단어에서 비롯된 것은 프랭크 시나트라, 비틀스 같은 가수를 열정적 추종하는 팬들의 모습과 특징을 가리켜 이성적 판단 없이 맹목적으로 지지하고 숭배한다는 평가를 바탕으로 한 비유였지만, 지금의 아이돌 덕질은 이런 맹목적인 추종과는 다르다.

아이돌 덕후 간의 격언으로 '탈덕은 지능순'이라는 말이 있다. 좋아하는 아이돌이 범죄 등 사회적 물의를 일으켰을 때 그 사실을 인정하지 못하고 계속 지지하고 숭배하는 팬은 지능이 낮다는 뜻이다. 상식적인 덕후는 아이돌이 사랑할 만한 대상이 아니라고 판단되는 즉시 숭배와 지지를 그만둔다.

◈ 에피쿠로스학파의 에이돌라를 현재 아이돌에 비유한 그림

　필자의 생각으로 지금 '아이돌'의 어원은 에피쿠로스학파의 에이돌라(eidola, 우상)에 가깝다고 본다. 에피쿠로스학파에 의하면 사람과 사물은 제 주위로 끝없이 얇은 원자막을 발산한다. 이 막을 '에이돌라'라고 부른다.* 이때 발산된 원자막이 눈으로 들어오게 되는 것이 '시각'이다. 또한 에이돌라는 발산된 원자막 외에도, 떨어져 나온 조그마한 상(象, shape)들을 가리키는 말이기도 하다. 에이돌라는 대상과 나 사이에 위치한 스크린에 그림자로 맺힌다. 에피쿠로

---

* 진중권, 『감각의 역사』, 창비, 2019, 20쪽.

스학파의 에이돌라는 본체가 내뿜은 에너지의 그림자다. 에피쿠로스(Epicouros, B.C.347~B.C.270)식으로 말하면 아이돌은 본체의 그림자다.

현재 우리가 알고 있는 아이돌의 의미는 플라톤보다는 에피쿠로스학파의 에이돌라와 더 유사하다. 왜냐하면 아이돌은 자신이 갈고 닦은 실력과 매력을 발산하여 관객의 인식에 상을 만드는 예술가들이기 때문이다.

여기서 '상(象, shape)'은 그림자라는 시각적 감각뿐 아니라 아이돌이 발산한 원자막이 내뿜는 모든 감각을 말한다. 고전음악과 회화처럼 관객이 감각할 한 가지 감각만을 고려하는 전통적 예술과 달리 아이돌은 그 자체로, 관객의 의식에 맺힐 여러 가지 감각을 종합적으로 고려하는 복합 예술 장르인 셈이다. 아이돌은 예술가의 에너지와 매력, 창작 활동이 관객의 의식이라는 스크린에 어떻게 맺힐지를 예측하여 상이라는 예술을 만든다. 공연을 할 때 아이돌의 에너지, 열정, 매력이 춤과 음악과 합쳐져서 종합적으로 관객에게 전달된다.

전통적 관점에서는 음악이나 춤같이 실체가 있는 예술을 창조하는 사람만 예술가로 인정했지만, 아이돌은 음악과 춤 같은 전통적 관점의 예술은 물론 본체가 가진 매력의 파동까지 이미지인 상으로 전하는 예술가다. 그렇다 보니 아이돌들은 예술 활동뿐 아니라 본체 자체의 삶으로서도 선한 상을 만들기 위해 애쓴다. 자연재해나 사회의 힘든 일이 있을 때마다 앞서서 기부와 캠페인 등 영향력을 이용한 선행을 확산시킨다. 매력으로 사람들을 사로잡는 것을 넘어, 롤 모델로서 세상의 희망을 주는 역할을 하고 있다.

팬덤은 이에 발 맞춰 숲을 조성하거나, 여러 도움이 필요한 곳에 거금을 기부하기도 하는데, 우리 사회에 이런 일은 더 이상 보기 드문 일이 아니다. 아이돌과 팬덤은 서로서로 선행의 선순환을 불러일으키며 세상의 평화에 힘을 보태고 있다. 그간 물리적 전쟁을 저지하고, 인권 향상을 위해 노력한 이들이 받았던 노벨평화상을 방탄소년단 같은 아이돌이 수상한다고 해도 이제 전혀 놀랍지 않다. 정신적으로 치열한 전쟁을 벌이고 있는 현대인에게 아이돌이 스스로 예술이 되어 전달하는 희망과 위로 그리고 긍정적 상의 가치는 재평가되어야 한다.

아이돌이 관객의 마음속에 만들어 낸 상은 관객이 가진 마음의 이미지다. 만약 아이돌 본인의 실체가 그 상과 다르다 해도 그 아이돌로 인해 마음속에 긍정적인 상을 만든 관객은 긍정적 영향을 받는다. 훌륭한 상을 만들어 낸 아이돌은 '상의 예술'로 사람들에게 큰 기쁨과 위로를 준다. 직업이 아이돌이 아니라도 타인에게 인상

깊은 상을 남길 수 있다면 그 사람은 아이돌 개념의 예술가다.

우리는 하나의 예술 작품이 되거나,

예술 작품을 입어야 한다.*

*  오스카 와일드, 『오스카리아나』, 박명숙 옮김, 민음사, 2016, 337쪽.

# 쿠크와 시뮬라크르

feat. 장 보드리야르, 질 들뢰즈 - 시뮬라크르

덕후 용어 중에 '쿠크'라는 말이 있다. 쿠크다스라는 과자의 깨지기 쉬운 특성을 빌려 와 '깨지기 쉬운 덕심'을 은유하는 명사로 쓰인다. '멘털이 쿠크다'라거나 '쿠크 깨졌다' 같은 식으로 정신이 잘게 부서지는 것을 표현할 때 주로 사용된다. 그만큼 덕후의 덕심은 예민하고 깨지기 쉽다.

예를 들어, 좋아하는 스타가 음주 운전 등의 범법 행위로 사회적 물의를 일으키면 '쿠크가 깨져서 탈덕한다'라며 탈덕(푹 빠져서 좋아하던 것을 그만두는 것을 뜻함)의 이유를 표현하곤 한다.

좀 더 자세히 말하면, 여기서 깨진 것은 덕후의 마음속 이미지인 '심상(心象)'이다. 팬이 스타를 좋아하면서 마음속에 만들어 둔 이미지가 깨진 것이다. 덕후의 마음속에 있는 이미지인 심상은 스타와

◆ 좋아하는 스타의 음주 운전으로 쿠크가 깨지는 장면

는 별개로 존재한다. 내가 좋아하는 스타가 실제로는 악한 성격을 가지고 있다 해도, 그 사실을 모르는 한 덕후의 마음속의 상은 깨지지 않는다. 심상만 완전하면 덕질을 하는 데에 크게 문제가 없다는 것은 본체와 심상이 별도로 존재한다는 것을 의미한다. 덕후가 더 애정하는 대상은 본체보다 본체가 투영된 마음속의 상이기 때문이다.

이렇게 원본의 복제물이자 모방된 가상의 상을 가리켜 프랑스 철학자 장 보드리야르(Jean Baudrillard, 1929~2007)는 '시뮬라크르(simulacre)'라고 말했다. 시뮬라크르는 실제로 존재하지 않는 대상을 존재하는 것처럼 만든 인공물을 뜻하는 말로, 가상 주행이나 가상 실험을 뜻하는 시뮬레이션(simulation)의 어원이다. 덕후의 쿠크는 본체의 가상 이미지인 시뮬라크르다.

흔히 덕후들은 스타에게 연인이 있어도 상관없으니 공개하거나 들키지 말아 달라는 말을 하고, 애니메이션이나 게임 제작사에게 제작비를 줄여도 되니 세계관이 깨지지 않게 해 달라고 요청하곤 한다. 이를 통해 덕후들이 사실보다 시뮬라크르인 심상을 더욱 중요하게 생각한다는 것을 알 수 있다. 초인기 웹툰의 스토리를 작가가 아닌 엉뚱한 사람이 썼다고 해도 내가 모른다면 상관없다. 작화가가 바뀐다고 해도 독자들이 모른다면 작가는 여전히 천재인 것이다. 아직 쿠크가 깨지지 않았기 때문이다.


장 보드리야르는 본체의 복사물인 가상 이미지를 시뮬라크르라고 하고, 복제된 가상의 이미지가 원본을 넘어서는 현상을 '시뮬라시옹(simulation)'이라고 했다. 사실보다 가상의 쿠크를 지키는 것이 더 중요한 것은 이미지가 원본을 넘어선 시뮬라시옹 현상이다.

장 보드리야르의 시뮬라시옹 이론을 모티브로 제작된 영화 <매

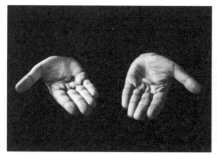

◈ 영화 <매트릭스>의 장면 예시

트릭스>(1999~) 시리즈에서 주인공 네오는 원본이자 진짜 세계를 상징하는 빨간 약과 가상 세계인 시뮬라크르를 상징하는 파란 약 중 하나를 선택해야만 하는 상황에 처한다. 결국 네오는 빨간 약을 선택함으로써 가짜지만 안락한 세상(파란 약) 대신 고통스럽지만 실제인 세상을 선택하게 된다.

장 보드리야르는 원본과 복제본 중에서 어쨌든 원본이 더 중요하다고 했다. 하지만 같은 시대를 살았던 철학자 질 들뢰즈는 보드리야르와 의견이 달랐다. 원본과 복제본 중 누가 우월한가보다는 복제본이 원본을 얼마나 뛰어넘을 수 있는가라는 차이를 중요하게 생각했다. 좋아하는 스타의 열애설을 들었을 때 진실을 알고 싶은 마음보다 모르고 싶은 마음이 더 큰 것은, 사실을 몰랐을 때 만인의 연인이라는 시뮬라크르가 지켜지기 때문이다. 이것은 시뮬라크르의 가치가 사실의 가치를 뛰어넘었음을 의미한다.

<매트릭스>가 등장한 1999년에는 시뮬라크르가 미래적이며 획기적인 개념이었으나 2021년인 지금은 원본과 시뮬라크르, 실제와 가상이 공존하는 시대가 되었다. 원본이 없는 시뮬라크르도 다수 존재한다. 이런 세상에 대해 보드리야르는 '실제가 이미지와 기호의 안개 속으로 사라진다'고 하면서 시뮬라크르의 미혹 속에서 살아가야 하는 우리의 상황을 씁쓸해했다.

들뢰즈는 시뮬라크르의 시대를 오히려 복제본이 원본을 뛰어넘어 새로운 정체성을 가질 수 있는 창의적 가능성으로 보았다. 원본이 없는 이미지로서의 시뮬라크르의 존재에도 긍정적이었다.

원본이 없는 시뮬라크르에 대한 존재의 대표적인 예시로는 보컬로이드 '하쓰네 미쿠'가 있다. 보컬로이드는 보컬과 안드로이드의 합성어로 사이버 가수처럼 이용자가 작곡한 노래를 일종의 기계음으로 불러 주는 프로그램의 캐릭터다. 하쓰네 미쿠는 원본 인물이 없는, 이미지가 원본인 시뮬라크르다. 애니메이션과 다른 점은 스토리 위주가 아니라 진짜 가수처럼 노래하고 곡을 발표한다는 것이다.

하쓰네 미쿠는 본체가 없는 가상의 인물이지만 사용자들이 작곡한 노래를 부르면서 인기를 얻기 시작해 도쿄돔 무대에 설 정도로 큰 사랑을 받았다. 웬만한 인간 가수의 인기를 넘어선 것이다. 가상이 원본을 넘어서는 들뢰즈식 시뮬라크르의 성공 사례가 되었다.

물론 그 인기의 배경에는 하쓰네 미쿠에게 서사와 살아 있는 에너지를 불어넣은 사용자들의 참여가 있었다. 하쓰네 미쿠의 열린 저작권 덕분에 누구나 하쓰네 미쿠의 이미지를 사용해 자신이 작곡한 노래를 부르게 할 수 있었다. 그 과정에서 작곡한 사람들의 열정, 세계관과 서사가 투영되었다. 곡 제작에 참여하는 순간 하쓰네 미쿠는 나만의 시뮬라크르가 된다. 참여자들의 콘텐츠 창작 능력

◈ 보컬로이드 '하쓰네 미쿠'

이 하쓰네 미쿠를 통해 주도적으로 발휘되는 것이다. 원본이 없는 시뮬라크르 콘텐츠는 기술적 완성도보다 서사적 완성도가 더 중요하다. 시뮬라크르 콘텐츠가 줄줄이 실패하는 이유는 시뮬라크르여서가 아니라 기술적 완성도와 시각적 이미지에만 집중한 나머지 서사와 세계관이 빈약하고 캐릭터가 단편적이기 때문이다.

철학자 발터 벤야민(Walter Benjamin, 1892~1940)도『기술적 복제 시대의 예술작품』(심철민 옮김, 도서출판 b, 2017)에서 재생된 '사본'과 '모조(reproduction)'가 '실재(reality)'를 대신하는 현상을 설명했다. 사본과 모조는 각자의 의식 속에서 환상이나 상으로 형성되는데 본체보다 본체와 관련 있을 뿐인 개인적 상이 더 큰 의미를 갖는다고 했다. 발터 벤야민도 시뮬라크르의 의미를 더 크게 평가한 것이다. 쿠크가 사실보다 중요한 것과도 같다.

쿠크는 시뮬라크르의 달콤함과 깨지기 쉬움을 동시에 표현하는 말이다. 쿠크를 지키기 위해 일부러 거리 두기를 하는 덕후도 있다. 콘서트 같은 수백, 수천 명이 모이는 곳에만 가고, 사인회와 같이 일대일로 만나게 되는 곳은 가지 않는다. 각자가 가진 쿠크의 강도는 다르므로 덕후는 자신만의 기준에 따라 시뮬라크르와의 거리와 긴장을 조절하며 즐긴다. 점점 가상과 현실을 구분하기 어려워지는 시대에서 덕후의 이런 식별력과 조절력은 새로운 시대의 가치관을 만드는 데 큰 도움을 준다.

지금의 시대는 원본과 가상을 상황에 맞게 선별하는 가치관이 필요하다. 인공지능(AI)은 인간을 흉내 내 만든 가짜 지능, 시뮬라크르다. 그렇다면 AI를 어떻게 대할 것인가? 앞으로 우리는 어느 분야에서나 다양한 모습의 AI를 만나게 될 것이고 상황별로 AI에 대한 각자의 판단이 필요해질 것이다. 가상에 대한 우리의 가치관은 어때야 할까?

'리믹스'라는 개념이 있다. 음악에서 여러 종류의 음악을 섞을 때 사용하는 개념인데, 우리 시대는 이런 리믹스 가치관이 필요하다. 지금은 때때로 가상이 필요할 때가 있고, 원본과 혼합된 형태가 필요할 때도 있다. '원본과 가상 중 무엇이 더 뛰어난가'라는 질문은 이제 진부한 질문이 되었다.

게임을 할 때 친구들과 같이 팀전으로 하는 것도 좋고, 모르는 사람들과 랜덤 게임을 하는 것도 좋지만, 아직 초보 단계라면 오히려 AI와 게임하는 것이 더 마음 편할 때가 있다. 못한다고 강퇴(강제 퇴장)당할 염려도 없고, 눈치 보지 않고 스킬도 써 볼 수 있기 때문이다. 이런 식으로 우리 삶에 들어오는 AI에 대한 가치관 정립이 수시로 필요하다.

원본과 가상이 리믹스될 수밖에 없는 21세기, 리믹스는 디지털 시대의 본질이다. 진짜냐 가짜냐, 창작자냐 감상자냐 같은 경계와 선 긋기는 모호해졌다. 우리는 창작자이고 동시에 감상자다. 진짜와 가짜를 섞어 리믹스로 즐긴다.

리얼리티 프로그램을 보면서 작위성이 느껴져도 속는 편이 더 감동적이어서 굳이 따지지 않는 경우도 있다. WWE(미국 프로레슬링 단체)의 경기가 각본대로 움직이는 쇼라는 걸 모르는 시청자가 많다고 한다. 그런데 굳이 알아야 할까? 모르는 편이 더 재미있다.

리믹스의 시대에는 환상을 즐길 수 있는 콘텐츠가 많다. AI가 조금 티 나도 모르는 척해 주고, 시뮬라크르에 몰입하면 더 재미있게 즐길 수 있다. 단, 시뮬라크르의 시대를 살아가면서 잊지 말아야 할 것이 있다. 법과 제도가 기술의 속도보다 느리기 때문에 우리가 스스로 도덕과 가치관을 만들어 지켜야 한다는 점이다. 같은 취향의 사람이 많다거나 관련법이 없다고 해서 괜찮은 것은 아니다. 상대방의 입장에서 생각했을 때, 상대가 불쾌하지 않을지, 보여 줄 필요는 없지만 만에 하나 나의 이용 내역이 공개되었을 때 부끄럽지 않을지 같은 나름의 기준이 있어야 한다.

덕후는 시뮬라크르를 많이 소비하기 때문에 현실과 가상(시뮬라

크르)의 식별 능력이 특히 뛰어나다. 덕후 문화를 연구한 오카타 도시오는 이 능력을 가리켜 일본어로 '미타테(見立て)'라고 했다. 미타테 혹은 매의 눈 같은 표현을 쓸 수 있는 식별력과 예측하는 능력은 시뮬라크르의 시대를 살아가며 도덕성을 유지하기 위해 필요한 능력이다. 환상과 실제를 구분할 줄 알면서도 환상 속에 빠질 수 있는 능력은 삶을 즐길 줄 아는 건전한 능력이다. 여태껏 필요하지 않았지만 21세기에 가상 현실과 AI의 시대를 바로 살아가기 위해 필요해진 능력이다.

신기술의 시대를 살아간다는 건 이처럼 할 일이 훨씬 더 많아진다는 것을 의미한다.

# 짤과 밈 : 네트워크의 예술 장르

feat. 리처드 도킨스 - 이기적 유전자

2020년 초, 유튜브에서는 가수 비의 <깡> 뮤직비디오를 감상하는 것이 크게 유행했다. 1일 1깡이라고 해서 하루 한 번 댓글을 감상하는 것이 일과인 사람도 생겨났다. <깡>의 댓글 창은 뮤직비디오를 감상한 사람들이 얼마나 재치 있게 표현하는지 구경하며 웃고 떠드는 감상의 놀이터였고 '댓글의 예술'이 무엇인지 알 수 있게 해 준 공간이었다. 뮤직비디오뿐 아니라 <깡>의 커버 댄스도 인기를 끌면서 비는 새우깡 과자의 모델이 되는 등 제2의 전성기를 누렸다.

이렇게 어떤 재미 요소가 공감을 불러일으켜 인터넷에서 대유행이 되는 현상을 '밈이 되었다'고 표현한다. 여기서 '밈(meme)'은 리처드 도킨스(Richard Dawkins, 1941~)의 저서 『이기적 유전자』(홍영

남·이상임 옮김, 을유문화사, 2018)에서 처음 등장했다.

이 책에 따르면 생물학적 유전자(gene)는 이기적이다. 누군가를 눌러야 내가 살아남는다. 센 유전자는 살아남아 자신의 유전자를 복제하여 확산시킴으로써 내 유전자의 개체수를 늘려 나간다. 즉, 영역 확장이다. '이기적 유전자'라는 표현 안에는 내 새끼를 더 많이 생산하는 것만을 목적으로 한다는 뜻이 담겨 있다. 도킨스는 이 책에서 인간이나 동물은 모두 유전자의 복제 욕구를 수행하는 생존 기계이자 유전자를 운반하는 존재이고, 모든 생명체는 유전자의 생존과 확장을 위한 도구일 뿐이라고 말하고 있다.

하지만 유전자의 이런 폭정에 저항할 수 있는 생물이 있었으니, 그것이 바로 인간이다. 인간은 문화라는 저항 도구를 가진 덕분에 오직 생존만을 위해서 이기적으로만 살지는 않는다. 유전자의 명령대로라면 생존을 위해 이기적으로만 살아야 하지만 인간은 타인과 사회를 위하고, 문화로 공유된 법칙을 복제하고 확산시키며 더 살기 좋은 세상을 만들기 위해 노력한다. 도킨스는 이런 유전자를 문화적 유전자라는 뜻에서 '밈'이라고 이름 붙였다. 가족 사랑, 기부 문화, 환경운동, 독립운동 같은 것들은 생물학적 유전자의 이기적 성질에 맞서 우리의 세상을 위하는 문화적 유전자인 밈이다. 인간을 동물과 다르게 만드는 문화적 단위인 밈은 생물학적 유전자처럼 복제, 진화, 확산을 통해 인간의 역사를 만들어 왔다.

인터넷이 발달하면서 네티즌이 만든 이미지를 일컫는 '짤'이 생겨났다. 미국에서는 이 짤이 태어나고 복제되고 확산되는 사이클이 문화적 유전자의 생애와 비슷하다 하여 도킨스의 밈을 가져와 인터넷 밈이라고 부르기 시작했다.

아래의 그림은 최근 몇 년간 미국에서 유행했던 인터넷 밈이다. 가장 왼쪽의 그림 'Forever alone' 밈은 코치 포테이토이자 솔로인 자신의 신세를 한탄하는 밈으로, 우리말로 의역하면 '안 생겨요' 짤이다. 가운데 'Lenny Face' 밈은 '알지?' '찡긋'처럼 약간 음흉하게 자신의 뜻을 전하거나 암시할 때 사용하는 밈이다. 마지막으로 'Y U NO(YU NO Guy)' 밈은 유머러스하게 다그치듯 권유하는 표현으로 "왜 ○○ 안 해?"라는 식으로 쓰인다. "Y U NO Chibap?(왜 치밥 안 해? 치밥을 모르는 당신이 불쌍해요.)" 같은 용례로 쓰인다. 한국에도

◈ 유명한 인터넷 밈 − Forever alone, Lenny Face, Y U NO

비슷한 밈 표현으로 '외않해?'가 있다. 일부러 맞춤법을 틀리게 써서 사람들이 주목하게끔 한 것인데, 주로 어떤 것을 권유할 때 쓰인다. 미국에서는 해마다 '가장 인기 있는 밈(most popular meme)'을 선정할 정도로 밈의 인기와 수명에 관심이 많다. 밈은 시대의 트렌드, 커뮤니케이션 방식을 대변하기 때문이다.

인터넷 밈은 한국의 짤과 거의 같은 용례로 쓰인다. 짤은 감정 표현이나 소통을 위해 사용하는 이미지나 사진을 말한다. 문자, 메신저 등 온라인 소통이 많아지면서 사람들은 얼굴을 보면서 직접 대화할 때보다 훨씬 더 표정과 미묘한 뉘앙스를 전달하지 못하게 되었다. 그래서 사람들은 부족한 감정 표현과 의사소통의 질을 높이고 상황을 재미있게 전달하기 위해 이모티콘과 짤을 사용하여 소통한다.

온라인상의 짤은 무수히 많이 탄생하고 사라지기를 반복한다. 잘 만들어진 짤은 몇 년씩 사랑받기도 하지만 특정 시기의 사회적 이슈를 반영한 짤은 폭발적으로 반짝 사랑을 받다가 한두 달 만에 사라진다.

다음의 사진은 한 소화제 광고를 활용해 만든 유명 짤이다. 불편하던 속이 확 뚫려 소화되는 상황이 표정과 CG로 잘 표현된 이 광고는 '개비스콘 짤 생성기'라는 프로그램이 생길 정도로 인기를 얻

원본          자퇴의 개비스콘         퇴사의 개비스콘

◈ 개비스콘 광고를 패러디한 짤

었다. 각자의 불편한 상황과 해소책을 표현하는 단어를 짤 생성기에 넣으면 위와 같은 개비스콘 짤이 자동으로 만들어진다. 이런 짤은 자신의 상황을 객관적으로 희화화하여 게시함으로써 스트레스를 해소하는 카타르시스 효과가 있다.

일반적으로 짤을 만든 제작자는 대부분 이름을 밝히지 않고 저작권을 주장하지 않으며 누구나 편집하고 합성할 수 있도록 한다. 상업적으로 도용하거나 나쁜 의도의 짤이 아니라면 노출 효과로 얻는 이득이 거대하므로 유명인이나 기업들도 이의를 제기하지 않는 경우가 대부분이다. 익명과 저작권 프리(free)가 만나면서 '짤'이라는 21세기의 새로운 예술 장르가 탄생했다.

짤은 어떤 시각에서 보면 민화나 벽화처럼 대중에 의해 만들어지고 사랑받고 사라지는 순수예술이다. 대중이 짤을 만드는 이유는 돈을 벌기 위해서, 작가의 예술관을 표현하기 위해서, 상을 타기 위해서도 아니다. 모두의 즐거움과 감정을 정확히 관통하는 표현을 위한 능력의 기부다. 이름도 알리지 않는 예술 능력의 기부가 짤의 탄생 배경이다.

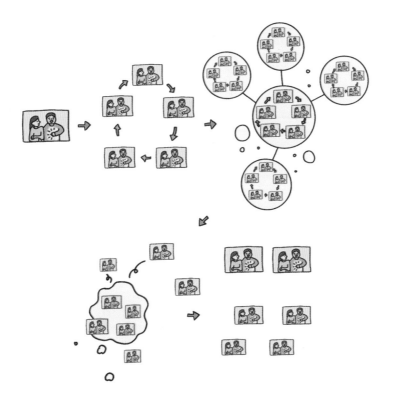

◈ 짤방 은하계 – 밈 갤럭시

한편 한국에서는 밈과 짤이 다른 뜻으로 쓰인다. 미국에서는 밈이 한국의 짤에 해당하는 뜻이지만 한국에서 밈은 놀이나 문화로서의 '유행 요소'를 칭하는 말이다. 한국에서는 <깡>이나 <아무노래> 챌린지 같은 것을 밈이라고 부른다. 인터넷상에서 유행하는 놀이, 노는 기술 같은 것도 밈이다. 조롱하거나 비웃는 뉘앙스의 부정적인 밈도 있는데 신기하게도 지나친 부정성의 밈은 크게 확산되지 못할 뿐 아니라 스스로 자정하는 분위기가 형성된다.

밈과 짤의 공통적인 특징은 '모방'과 '공유'다. 마치 유전자처럼 사람을 통해 모방되고 공유되어 확산된다. 남들이 쓰는 짤이나 밈 중에 공감되는 것이 있으면 저장해 뒀다가 적절한 상황에 맞춰 꺼내 쓰면서 다른 친구들과 공유하고 즐긴다.

모방과 공유가 빠르고 적극적으로 일어나는 곳은 주로 SNS나 커뮤니티인데, 이런 곳들은 덕후가 많다는 특징을 갖고 있다. 짤과 밈이 인기를 얻기 위해서는 빠른 전파력과 재치 있는 제작 능력이 필요한데 덕후가 많이 모여 있는 이곳은 앞의 두 가지 조건이 모두 충족된다.

덕후는 덕질 콘텐츠를 빠르게 공유하여 확산하고 재생산하기 위해 SNS나 커뮤니티에 상주하는 경우가 많다. 이런 군집과 거주 시간, 공유력은 밈의 특징인 모방과 확산을 용이하게 한다. 덕후 그룹에서 많은 공감을 받은 짤과 밈은 순식간에 확산된다.

또한 덕후는 재미있는 감상 포인트를 캐치하는 비주얼 리터러시(시각 독해력)를 가지고 있다. 머릿속에 있는 방대한 데이터베이스와 재치 있는 비주얼 리터러시를 가지고 순식간에 짤과 밈 제작이 가능하다. 덕질 관련 영상이 뜨면 SNS에는 실시간으로 팬들의 예술관이 반영된 짤과 편집 영상들이 업로드된다. 빠른 속도에 재치를 더한 제작 능력이 덕후의 특징이다. 왜냐하면 덕질에서 짤과 영상 제작을 하는 것은 '재미의 경험'을 나누기 위해서기 때문이다. 재미있는 것은 나누면 배가 된다.

미국의 미래학자이자 경제학자인 제러미 리프킨은 2050년에는 물건의 소유보다 경험의 공유가 더 중요해지는 소셜 공유사회가 온다고 했다. 소셜 공유사회의 특징은 수평적인 대중 협업, 보편적 접속, 비배재성이라고 했다.* 이런 소셜 공유사회의 특징은 짤과 밈의 빠른 확산이 이루어지는 덕후 사회의 특징을 빼다 박았다. 수평적인 대중 협업은 짤을 만들 때 저작권 없이 다 같이 참여하여 만드는 점과 연결해 볼 수 있고, 보편적 접속은 재미있는 경험을 빨리 소문 내 더 많은 이들이 참여하여 밈을 즐기며 같이 노는 점과 비슷하다.

* 제러미 리프킨, 『한계비용 제로 사회』, 안진환 옮김, 민음사, 2014, 37쪽.

가끔 기업들이 마케팅 수단으로 '○○○ 챌린지' 같은 밈을 만들어 광고나 SNS를 통해 확산하려 해도 잘되지 않는 것은, 모두의 즐거움이라는 목적이 없어 공감을 얻지 못하기 때문이다. 밈의 특징은 모두의 즐거움이라는 하나하나의 공감을 모아 점점 커지고 변하고 진화하는 경험을 함께하는 데 있다.

덕후 사회는 사회에서의 나이와 성별이나 이름 따위는 중요치 않은 익명의 비배재성을 갖춘 미래형 사회 형태를 갖고 있다. 덕후가 아니라 해도 3일만 눈팅(관찰)하면 쉽게 참여할 수 있어 폐쇄적이지도 않다. 거기다 사적 이익 추구를 지양하고 서로의 즐거움을 위해 봉사하는 이타성까지 갖추었다. 덕후 사회에서는 무료 나눔 같은 문화가 보편적이다. 그냥 같이 즐기기 위해 사비를 들여 만들고 나누는 것이다. 짤을 무료로 나누는 것처럼.

리프킨은 소셜 공유사회가 사회를 문화 공동체로 집결하게 한다고 했다. 『이기적 유전자』의 도킨스는 인간의 문화가 유전자에 의해 이기적 생명체로만 살아가지 못하게 하는 방패라고 했다. 짤과 밈의 문화가 보여 주는 민주성, 이타성, 공익성, 자연스러운 생성, 확산과 소멸의 사이클 같은 것들은 자신들의 이익만을 쫓아서 의사 결정하는 생물학적 유전자로 넘치는 사회 속에서, 무지개 너머 세상 같은 희망을 보여 준다.

유전자에는 'DNA'라는 언어로 경험과 정보가 기록된다. 짤과 밈에는 '공감'이라는 언어로 경험과 정보가 기록된다. 밈과 짤은 이기적이지 않게, 모두가 참여하여 다 같이 행복해지는 의사 결정을 했던 기록들이다.

# 모에, 본체 없이 걷는 그림자

feat. 장 보드리야르 - 시뮬라시옹

2020년 어느 날, 제과 회사 빙그레 SNS에 갑자기 만화 속 왕자가 등장했다. 그의 이름은 '빙그레우스 더 마시스'로 빙그레를 대표하는 왕자라는 소개가 따라붙었다. 바나나우유 왕관을 쓰고 빵또아 바지를 입은 빙그레우스는 꽃미남 외모에 허당 끼 넘치는 성격이라는 구체적인 세계관까지 가지고 있어서 순식간에 팔로워를 폭발시키며 인기를 누렸다. 이후에도 끌레도르 왕자, 투게더 그리고 리 경 등 제과 제품을 의인화한 캐릭터가 추가되면서 빙그레의 세계관은 거대해졌고 인기도 더해 갔다.

아이스크림을 왕자로 만드는 것처럼 덕후들이 일러스트나 사진 합성 등을 통해 의인화, 동물화, 과일화 하는 이미지 콜라주 기법을 '모에화'라고 한다. 모에화는 특정 대상을 더 귀엽고 섹시하게 만드는 것을 말하는 만화, 복고, 미래적인 느낌 등 다양한 콘셉트를 오버랩한 캐릭터로의 재탄생도 모에화의 범주에 들어간다.

오타쿠 이론으로 유명한 일본의 이론가 겸 저술가 아즈마 히로키는 『동물화하는 포스트모던』에서 "모에(萌え)란 80년대에 생긴 말로 만화, 애니메이션, 게임 등의 캐릭터 또는 인기 연예인 등을 향한 허구적인 욕망을 의미한다"*고 설명했다. 그 시절에는 '귀여움＋섹시'라는 콘셉트가 모에의 대부분이었고, 게임과 애니메이션 분야에 한정되어 쓰이는 말이었기 때문에 이렇게 해석했을 수 있다.

하지만 한국에서 '모에'라는 단어는 처음부터 귀여움과 섹시에 한정되지 않고 다양한 은유에 포괄적으로 사용되어 '허구적 욕망'이라는 뜻과는 거리가 있었다. 이후 시간이 지날수록 더욱 다양한 콘셉트화, 캐릭터화를 지칭하게 되었다. 2021년 한국에서 '모에'라는 단어는 '캐릭터 커스텀'에 가까운 뜻으로 쓰인다. 각자의 취향에 맞게 이미지와 캐릭터를 은유하는 것이다.

스포츠나 영화, 아이돌 등 분야별로 선호하는 취향의 캐릭터화가 있지만 장르 상관없이 취향 선호도 조사에서 불변의 1위는 귀여

* 아즈마 히로키, 『동물화하는 모스트모던』, 이은미 옮김, 문학동네, 2012, 90쪽.

움이다. 그래서 모에화는 '귀엽게 만들기'라는 뜻을 대신해 쓰이기도 하고 모에 요소는 '씹덕 요소(extrenly cutie element)'로도 불린다. 형용사로 쓰일 때 '씹덕'은 '극도로 귀여운'이라는 뜻이다. 귀여움은 모에 문화에서 압도적으로 선호도가 높은 특정 취향이다. 귀여움이란 감정이 사람들을 사로잡는 이유는 대상이 약자처럼 느껴져서 보살피고 싶은 마음을 유발하기 때문이다.

일본의 비교문학자 요모타 이누히코는 『가와이 제국 일본』에서 "귀여움은 미(美)와 그로테스크의 경계에 걸쳐 있어서 안정감이 흐트러지고 무언가 충족되지 않은 상황에서 나타나는 감정"[*]이라 했다. 다시 말해, 귀여움은 강자가 미성숙하고 무력하고 불완전한 약자에게 느끼는 권력 감정이다. 일단 귀여움이라는 단어가 개입하면 대중은 금세 황홀감에 빠져 약자가 처해 있는 불완전한 상태를 인지하지 못한다. '귀여워 보이면 끝'이라는 말은 주종 관계가 역전되어 대상이 약자가 되어 버렸다는 뜻이다. 하지만 덕후는 대상을 과도하게 귀엽거나 섹시하게 모에화하는 것을 좋아하지 않는다. 오히려 덕후가 아닌 사람보다 더 싫어한다. 서사와 세계관이 깨지기 때문이다.

[*] 요모타 이누히코, 『가와이의 제국 일본』, 장영권 옮김, 펜타그램, 2013, 215쪽.

씹덕하게 만들다    시뮬라크르    투케

기호화

Image Conversion    CUTIE

萌え    은유    취향의 집합

캐릭터화    판타지

푼크툼

동물화 과일화 의인화    경배용 사물화

◆ 모에의 요소들

일본의 한 애니메이션에서 10대 소녀가 아무런 개연성 없이 노출이 심한 옷을 입고 나오자 팬들은 분노했다. 노출하기만 하면 다 좋아하는 줄 아느냐며 제작사의 무맥락 노출과 낮은 도덕성을 비난했다. 덕후들은 거기에 그치지 않고, 노출 없는 옷을 입은 캐릭터가 등장한 새로운 이미지를 제작하고 유포함으로써 제작자의 실수를 바로잡으려 했다. 이런 일화를 예시로 보면, 대부분의 덕후는 모에의 맥락을 중요하게 여기며 단순히 재미의 요소로 소비한다.

모에화의 콘셉트와 방향 결정의 기준은 감상자의 취향에 있다. 무작정 귀엽고 섹시하게 만드는 것이 아니라 각 감상자의 심장을 저격할 황금 비율이 필요한 것이다.

만화 연구가 김낙호는 모에에 대해 "캐릭터의 근본적 부분들을

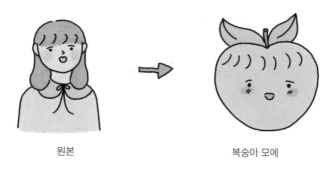

원본                    복숭아 모에

◈ 복숭아 모에로 탄생한 새로운 캐릭터

적극적으로 찾아나서는 시도이기도 하다. 즉, 원형적인 요소들의 파편을 긁어모아서, 그 속에서 자신만의 이상향을 조합하여 맞추어 내는 방법인 셈이다"*라며 취향의 최적화된 것이 모에라고 했다. 즉, 모에는 이미지 콜라주다. 모에화는 좋아하는 취향을 황금비율로 캐릭터를 커스터마이징한 것이다. 만약 귀여움과 과일 필터, 파스텔 톤 일러스트 방식을 좋아하는 사람이 캐릭터를 만든다면, 귀여움, 과일, 일러스트라는 요소들을 결합하여 새로운 캐릭터를 탄생시킬 수도 있다. 피부가 뽀얗고 볼이 분홍색인 A라는 스타의 얼굴을 복숭아로 만든 일러스트를 그렸다면 '복숭아A'라는 새로운 캐릭터가 탄생된다.

*  김낙호, 「모에라는 취향문화를 바라보기」, http://capcold.net/blog/717, 2021. 4. 1. 포스팅 참조.

철학자 장 보드리야르는 원본에서 복제되어 나온 또 다른 원본을 '시뮬라크르'라고 했다. 흔히 복사본 혹은 가짜라고 부르는 것들이다. 팬들이 본체(원본)를 본 떠 만든 캐릭터, 팬아트, 그림, 인형 등은 흔히 2차 창작물이라고 한다. 이런 2차 창작물은 복사물이 아닌 또 다른 원본이다.

현대 철학자 들뢰즈와 데리다는 시뮬라크르가 본체에 비해 결코 열등하지 않으며, 시뮬라크르야말로 폭력적 위계 사회를 타파할 힘이라고 했다. 팬아터가 스타의 사진을 보고 만들어 낸 일러스트는 팬아터의 작품이다. 사진 원본을 찍을 때만큼의 제작비가 들지도 저작권도 없지만, 원본 사진을 뛰어넘는 사랑을 받을 수도 있다. 이것이 원본을 뛰어넘는 재창작 시뮬라크르의 힘이고 들뢰즈가 말한 '위계 사회의 타파'이다. 팬이자 감상자의 작품이 대규모 자본이 투자된 원본을 압도하면서 또 다른 원본의 가치를 갖게 된 것이다. 자본가가 아닌 팬이 예술성으로 거대 가치를 만들어 낸 것이다. 하지만 현재 이런 인기 있는 팬아터에게 정식으로 상업성을 추구할 저작권 쉐어 제도가 없는 것은, 자본가가 자신이 가진 기득권을 나누고 싶어하지 않기 때문일 것이다.

또 보드리야르는 "시뮬라시옹이 지배하는 현대사회에서는 실재가 이미지와 기호의 안개 속으로 사라진다"며 이를 "이미지가 춤을 추며 본체를 사라지게 한다"고 표현했다.* 보드리야르가 말한 이

유명한 문장은, 시뮬라시옹 시대에는 사물의 원본이 소비되는 것이 아니라 기호와 이미지가 소비된다는 뜻을 담고 있다.

한편, 철학자 데리다는 이를 '본체 없는 그림자'라고 했다. 본체가 사라져도 인상과 관념은 남는다. 시뮬라크르는 그림자의 주인이 모퉁이를 돌아간 뒤에도 아직까지 그 자리에 남아 있는 그림자와 같다. 본체가 사라져도 혼자 존재하는 그림자(象, shape)가 본체의 시뮬라크르인 '모에'다. 이때 그림자는 본체가 없어도 완전한 모습으로 걸을 수 있다. 시뮬라크르는 가상이지만 때론 원본만큼 생생하다. 이렇듯 복제본인 시뮬라크르가 생생하게 작동하는 현상을 시뮬라시옹이라고 한다. 조금 더 쉽게 말하면 모에는 '부캐'다. 부캐는 여러 가지 요소가 조합되어 본체만큼 혹은 본체보다 더 생생한 이미지로 살아 숨 쉰다.


아즈마 히로키는 '캐릭터 모에'란 사실, 오타쿠들이 믿고 싶어 하는 것과 같은 단순한 감정 이입이 아니라 캐릭터(시뮬라크르)와 모에 요소의 2층 구조 사이를 왕복함으로써 지탱되는 포스트모던적인 소비 행동이라고 했다. 그는 좋아하는 부분만을 따서 은유하는 모에를 편식처럼 묘사했지만 필자는 편식이 아니라 취향의 최적

---

★  배영달, 『보드리야르와 시뮬라시옹』, 살림출판사, 2005, 15쪽.

화, 커스텀이라고 생각한다. 좋아하는 부분만 따서 콜라주로 감상하는 것도 감상의 한 방법이 아닐까.

모에는 이미지의 은유다. 이미지로 짓는 별명이다. 우리가 때때로 친구의 이름 대신 그 친구와 훨씬 더 잘 어울리는 별명을 지어 부르듯 다른 이미지를 빌려 그 사람의 이미지를 표현하고 또 내가 더 좋아하는 이미지로 콜라주하는 것이다. 그리고 이 모에 과정을 통해 본체도 미처 알지 못했던 매력이 팬들에 의해 발견되는 경우도 있다.


개념을 이해할 때 글이 아닌 이미지를 검색해 보는 오늘날, 이미지로 은유할 수 있는 능력을 가진 덕후는 '이미지의 시인'이다. 시인들은 새로운 언어로 세상에 숨은 진리를 캐낸다. 모에화는 새로운 시선의 발견이다. 이미지가 21세기의 언어라면, 모에화 연습은 이미지로 시를 짓는 연습이라 할 수 있다. 가족과 친구들을 대상으로 모에화하여 이미지 시를 지어 보는 것은 어떨까? 조금 엉뚱한 이야기일 수 있으나, 손주를 가리켜 '내 강아지'라고 부르던 우리의 할머니들은 이미 오래전부터 자연스럽게 '모에'를 받아들인 모에화의 장인일지도 모른다.

## 그대의 신화가 되어라!

feat. 조지프 캠벨 - 블리스

한때 유행했던 심리 테스트 중에 '호그와트 기숙사 테스트'가 있다. 몇 개의 질문에 응답하면 J. K. 롤링의 유명 소설 〈해리 포터〉 시리즈에 등장하는 마법 학교 '호그와트'의 기숙사 네 곳 중 내게 가장 잘 어울리는 기숙사를 골라 준다. 인터넷상에서 흔히 만나는 이런 성향 테스트는 〈해리 포터〉 시리즈가 문학 작품을 넘어 '성냥팔이 소녀'나 '흥부와 놀부'처럼 필수 상식이 된 현상을 보여 준다. 그렇다면 〈해리 포터〉는 어떻게 모두가 아는 상식이 되었을까?

〈해리 포터〉 시리즈는 베스트셀러다. 물론 마법 학교를 다니는 매력적인 주인공 '해리'의 성장과 모험만으로도 독자의 사랑을 받기에 충분하지만 무엇보다 이 책이 베스트셀러가 될 수 있었던 것

◈ 호그와트 기숙사 테스트*

은, 스토리에 전형적인 영웅신화가 담겨 있기 때문이다.

영웅신화는 공통적으로 우수한 혈통이지만 강에 버려지고, 비천한 양부모에게 양육되지만 결국 여러 고난을 이겨 내고 악을 물리치는 뛰어난 인물이 된다는 유사한 스토리 흐름을 가지고 있다. 〈해리 포터〉도 이 전형적 스토리를 따르고 있다. 뛰어난 마법사 부모를 두었지만 부모를 잃고 친척 집에서 구박받으며 자라는 주인공은 결국 여러 난관을 극복하고 본연의 선하고 뛰어난 능력으로 악을 물리친다는 전형적인 영웅신화 스토리다.

* 자료 = 봉봉, http://kr.vonvon.co/quiz/350, 사이트 참조.

전 세계의 신화를 분석해 보면 몇 가지 공통적인 이야기 구조가 추출되는데 그중 가장 인기 있고 즐겨 사용되는 주제가 영웅 이야기다. 이렇게 많은 나라와 민족들이 영웅신화를 이어 왔다는 것은 영웅신화가 인간에게 주는 설득력, 공감, 의미를 증명한다. 드라마에서 신데렐라 이야기나 출생의 비밀과 같은 뻔한 클리셰가 지겹게 반복되는 것은, 수천 년에 걸쳐 증명된 공감이 녹아 있는 흥행이 확보된 이야기의 원형이기 때문이다. 신화는 이런 원형이 담긴 이야기에서 시작한다.

원형(Archtype)이란 '바탕이 되는 관념'이다. 인간의 마음이란 세계 어디에 사는 사람이든 기본적으로 같다.* 모든 인간에게 근본이 되는 개념이 있는 것이다. 권선징악, 초능력자의 건국, 영웅 이야기, 노력으로 고난 극복같이 인류 누구나 공감하는 바탕이 되는 관념이 원형이다. 모범이 되는 모델(exemplary model)이나 본보기(Paradigm)가 원형이다.** 원형을 매력적으로 구현한 이야기는 많은 이에게 공유되고 표준이 되는 과정을 통해 신화가 된다.

한국의 가장 유명한 단군 신화에서 곰이 동굴 속에서 마늘과 쑥만 먹고 100일간 참고 견딘 끝에 인간이 된 이야기를 보면, 한국 이

---

*   조지프 캠벨·빌 모이어스, 『신화의 힘』, 이윤기 옮김, 21세기북스, 2020, 107쪽.
** 송태현, 앞의 책, 119쪽.

·야기의 원형 중 하나는 '인내'인 것 같다. 한국인처럼 '빨리빨리'를 입에 달고 사는 사람들에게 인내만큼 힘든 도전이 어디 있겠는가? 인내가 주요 원형이 된 것도 납득이 간다.

신화에 대한 학자들의 다양한 표현을 살펴보면, 신화학자 조지프 캠벨(Joseph Campbell, 1904~1987)은 신화를 일컬어 '인류의 집단 무의식'이라고 했다. 심리학자 오토 랑크는 '집단적 꿈'이라고 하였고, 철학자 롤랑 바르트는 '하나의 언어'라고 했다. 이런 정의들의 공통점은 '공유하는 의식'이라는 것이다. 표준이 될 만큼 많은 사람이 공유하는 공유 의식이 신화인 것이다. 결국 <해리 포터> 시리즈가 모두의 상식이 될 수 있었던 것은, 영웅신화라는 검증된 원형의 뼈대에 베스트셀러라는 대량의 공유 집단을 확보한 덕분이었다.

예전에는 신화가 되기 위해서 입에서 입으로 전해지는 '구전'을 통해 확산되어야 했기 때문에 시간이 오래 걸렸다. 그러다가 인쇄술이 발달하여 신화의 탄생 시간이 짧아지기 시작했다. 오늘날에는 SNS와 매스 미디어(대중 매체)의 영향으로 대중의 공감이 보다 쉽게 발생하기 때문에 빠르게 신화가 될 수 있다. 예를 들어, 전형적인 영웅신화 구조를 가진 애니메이션 영화 <겨울왕국>은 전 세계에서 동시 개봉한 뒤 어린이들의 신화가 되기까지 단 몇 개월이면 충분했다. 게다가 폭력을 쏙 빼고 주인공의 초능력이 강조된 스토리는 전 세계 어린이의 마음을 한순간에 사로잡을 기폭제가 되었다.

오늘날 세계엔 '그리스 로마 신화'보다 '겨울왕국 신화'를 아는 어린이가 더 많다. <겨울왕국> 같은 현대의 신화는 시대를 즉각 반영한다. 특히 셀럽이나 스포츠 스타들의 이야기는 현대인을 매료시킬 이미지와 현재의 이야기를 담고 있어서 다양한 매체를 타고 초고속으로 신화가 된다.

예술 공연자나 스포츠 스타의 신화성은 노력으로도 얻어진다. 롤랑 바르트는 『현대의 신화』에서 공연장을 노동의 미학적 형태라고 했다. 각 프로그램과 공연은 훈련으로 혹은 수고의 산물로 그 곳에 등장하기 때문이다. 공연장에서의 퍼포먼스는 기나긴 밤을 지새운 최종 결과이자 체화되고 승화된 인간의 노력이다.＊

스포츠도 마찬가지다. 예를 들어 피겨스케이팅에서 트리플 악셀처럼 어려운 기술을 노력으로 극복하여 성공한 선수는 초인간적 신화성을 얻게 된다. 그리고 이렇게 신화성을 얻은 스타는 초인간적 존재, 영웅이 된다. 조지프 캠벨은 다른 사람들에게 삶의 본보기가 될 경우 신화의 차원으로 들어간다고 했다. 이런 고난 극복의 이

＊ 롤랑 바르트, 『현대의 신화』, 이화여자대학교 기호학연구소 옮김, 동문선, 1997, 244쪽.

야기는 그들을 세계적인 스타로, 영웅으로 만든다. 수월하게 운에 의해 이뤘다면 스타는 될 수 있지만 신화는 될 수 없다.

　시대는, 지금 대중의 필요에 맞는 신화를 원한다. 역사적으로 위인이란 자신의 특수한 목적이 세계정신의 의지와 합치하는 실체적인 내용을 갖는 사람이다.* 자신의 실현하고자 하는 바가 세계의 필요와 일치하고 그것을 완수할 때 서사를 가진 위인, 즉 영웅이 된다.

　이 시대 최고의 프로게이머로 인정받는 e스포츠계의 스타 페이커는 한 인터뷰에서 "게임도 팽이치기 같은 하나의 놀이 문화라고 여기고 좋게 봐 줬으면 좋겠다. 게임도 학습이다. 어떻게 하면 승리할까 고민하는 과정에서 무언가를 익힌다"**고 말했다. 게임이라는 문화의 긍정성은 세계의 젊은이들이 필요로 하는 담론이었고, 게임을 하면서도 성실하고 인성이 뛰어난 그는 신화가 되었다. 지금 시대의 젊은이들의 정신적 이상을 실현하는 사람이 있다면 바로 그가 지금의 영웅이다.

　방탄소년단의 멤버 지민은 2019년 열렸던 팬 미팅에서 이런 말

---

\* 게오르그 빌헬름 프리드리히 헤겔, 『역사철학강의』, 권기철 옮김, 동서문화동판, 2008, 17쪽.
\*\* 이혜운, 「서울대 의대 입학보다 프로게이머 되기 더 어려워」, 『조선일보』, 2019. 6. 29.

을 했다.

"사실 저는 롤 모델이 딱히 없었던 것 같아요. 고민을 하다가 '꼭 롤 모델을 누구로 정해야 하나?'라는 생각이 들었어요. 미래에 나는, 나 자신의 롤 모델이 될 수 있는 멋있는 사람이 되면 좋겠다고 생각했어요. 그리고 팬 여러분들처럼 뭔가를 바라지 않고 저희를 응원해 주고 사랑해 주는 게 너무 멋있고 고마워요. 결국 여러분이 저희의 롤 모델이고 영웅이고 모든 것이라는 이야기를 꼭 해 주고 싶었어요."

위의 말은 그냥 감사 인사처럼 보일 수도 있지만 자세히 보면 신화학자들이 말해 온 신화 속 영웅의 본질이 요약되어 있다. 첫째, 내 영웅은 바로 나 자신이라는 것. 둘째, 진짜 사회의 영웅은 대가 없이 타인을 위해 희생하는 사람이라는 것이다. 우리가 닮고 싶어 하는 영웅이자 롤 모델은 결국 내가 원하는 내 모습이라는 것, 그리고 진짜 영웅은 이타적이라는 것이다.

그런 면에서 덕후는 영웅의 자질을 모두 갖고 있다. 덕후가 갖고 있는 현대에 보기 드문 순수한 이타성은 영웅이 되기에 충분한 자질이다. 또 덕질은 대상을 신화로 만드는 작업이다. 대상을 신화로 만들어 본 사람은 스스로 영웅이 되는 방법을 더 빨리 깨달을 수 있다. 덕질을 통해 익힌 시뮬레이팅으로 칠흑 같은 어둠이 짙게 깔린 숲으로 들어가도 자신을 위한 길을 만들 수 있을 것이다.

◈ 해외에서 출간된 『데미안』의 표지들

헤르만 헤세의 소설 『데미안』에서 주인공 싱클레어는 남들보다 어른스럽고 생각이 깊으며 신비로운 친구 데미안을 동경한다. 부모가 만든 세계, 알 속에 살던 싱클레어에게 데미안은 알 밖의 세계를 상징하는 인물 같았기 때문이다. 그런데 사실 데미안은 싱클레어가 상상으로 만들어 낸 또 다른 자기 자신이라는 해석도 있다. 이 해석에 따르면 데미안은 싱클레어의 궁극적 이상이었던 셈이다.

꼬마 싱클레어, 잘 들어! 나는 떠날 거야. 너는 어쩌면 다시 한 번 나를 필요로 할 거야. ……그럴 때 네가 나를 부르면 이제 나는 그렇게 거칠게 말을 타거나 기차를 타고 달려오지 못 해. 그럴 때 넌 너 자신 안으로 귀 기울여야 해. 그러면 알아차릴 거야. 내가 네 안에 있다는 걸. *

데미안이 싱클레어에게 마지막으로 남긴 말처럼 내 호밀밭의 파수꾼은 바로 나 자신이었던 것이다.

우리는 누구나 삶을 이끌어 줄 은인이나 롤 모델이 있었으면 하고 꿈꾼다. 삶의 갈림길에서 옳은 방향을 알려 주는 이정표 같은 사람이 있었으면 하는 것이다. 스승이나 가족이 그런 역할을 일부 해 줄 수도 있지만 때론 스치듯 잠깐 마주친 인연이 그런 은인이 될 수도 있다. 하지만 이 모든 것은 일시적인 방편일 뿐 일생을 함께하며 나아갈 방향을 알려 주고, 기댈 곳이 되어 줄 은인은 없다. 아니, 은인은 내 안에 있다. 내 롤 모델은 내가 정하는 것이고 결국 내 롤 모델은 '내가 되고 싶은 나'인 것이다.

황당하고 도식적인 영웅 판타지가 우리를 매혹시키는 이유는 무엇일까? 그것은 인류의 공통적인 열망을 담고 있기 때문이다.** 판타지처럼 비현실적이기 때문에 우리를 열광하게 한다. 오래도록 신화를 연구해 온 신화학자 조지프 캠벨은 우리에게 한 가지 중대한 질문을 던진다. '내 가슴을 뛰게 하는 영웅신화, 블리스를 느끼게 하는 일은 무엇인가?' 우리가 진지하게 생각해 볼 질문이다.

캠벨이 말하는 '블리스(bliss)'는 가슴이 뛰는 사명을 의미한다. 블

---

\* 헤르만 헤세, 『데미안』, 전영애 옮김, 민음사, 1997, 218쪽.
\*\* 조지프 캠벨, 『블리스, 내 인생의 신화를 찾아서』, 노혜숙 옮김, 아니마, 2014, 9쪽.

리스는 온전하게 현재에 존재하는 느낌, 진정한 나 자신이 되기 위해 어떤 것을 하고 있을 때 느끼는 희열감이다. 블리스를 따른다면, 인생은 미로를 헤매며 숱한 도전과 시련을 헤쳐 나가는 '영웅의 여정'이 될 것이다.* 캠벨의 말의 핵심은 결국 이것이다. 누구나 자신의 가슴이 뛰는 이야기를 따라가면 내 자신의 신화를 만들어 낼 수 있다는 것. 다소 비현실적으로 들릴 수 있겠지만 그것이 신화의 본질이다.

시련과 실패는 신화의 기본 옵션이다. 내게 온 시련을 버텨 내는 것은 나 자신의 신화를 쓰는 일이다. 그것이 내 이야기 '원형(my archtype)'이자 '진짜 신화'다.

* 같은 책, 10쪽.

덕후와 철학자들

ⓒ 차민주, 2021

초판 1쇄 인쇄일 2021년 5월 31일
초판 1쇄 발행일 2021년 6월 11일

지은이      차민주
펴낸이      정은영
편집        이현진 김정은 정사라
마케팅      최금순 오세미 박지혜 김하은
제작        홍동근

펴낸곳      (주)자음과모음
출판등록    2001년 11월 28일 제2001-000259호
주소        (04047) 서울시 마포구 양화로6길 49
전화        편집부 (02)324-2347, 경영지원부 (02)325-6047
팩스        편집부 (02)324-2348, 경영지원부 (02)2648-1311
이메일      jamoteen@jamobook.com

ISBN 978-89-544-4700-3 (44080)
      978-89-544-3135-4 (set)